AF453431

BIBLIOTHÈQUE

DE L'ÉCOLE

DES HAUTES ÉTUDES

PUBLIÉE SOUS LES AUSPICES

DU MINISTÈRE DE L'INSTRUCTION PUBLIQUE

SCIENCES PHILOLOGIQUES ET HISTORIQUES

SOIXANTE-HUITIÈME FASCICULE

MUSÉE DU LOUVRE

STÈLES DE LA XIIe DYNASTIE

PAR A.-J. GAYET

PARIS

F. VIEWEG, LIBRAIRE-ÉDITEUR

ÉMILE BOUILLON, SUCCESSEUR

67, RUE DE RICHELIEU, 67

1889

PRÉFACE

L'importance des stèles de la XIIe dynastie, leur valeur au point de vue artistique et épigraphique, maintes fois signalée, m'ont décidé à réunir celles de ces stèles conservées au Musée du Louvre et à en donner, autant que possible, le fac-similé.

J'aurais voulu pouvoir réunir tous les monuments renfermés dans la riche collection du Musée et se rapportant à la XIIe dynastie : bas-reliefs, statues, sarcophages, figurines, etc.; les classer et tâcher de dégager de cette étude quelques données sur la première renaissance pharaonique et ses procédés.

Le temps m'a manqué, et il m'a été impossible de réaliser ce projet : je me borne à joindre aux stèles que j'ai recueillies quelques notes, quelques indications, quelques dessins sommaires exécutés d'après mes croquis, véritables croquis eux-mêmes, mis en place, afin de donner l'ensemble du monument, et je sollicite, ici, toute l'indulgence de ceux qui me feront l'honneur de feuilleter ce recueil ; je les prie de bien vouloir le considérer, non comme le travail que je m'étais proposé, mais comme son ébauche, son esquisse, qu'avec le temps et de nouveaux matériaux je me propose d'achever.

Sans doute, bon nombre des stèles de la XIIe dynastie, conservées au Musée du Louvre, ne renferment que les formules banales des procynèmes de toutes les époques, la liste des titres du mort, de ses vertus et de ses bonnes actions, les noms des membres de sa famille et de ses serviteurs; elles invitent le passant à la prière, lui rappellent le moment de cacher son corps, le jour où lui-même demandera le don funèbre afin d'être parmi ceux qui suivent le dieu grand dans sa marche et franchissent avec lui la fente du rocher d'Abydos; elles lui disent de demander tout cela pour celui qui n'est plus, s'il veut être aimé des dieux et les suivre à son heure.

Cependant quelques-unes de ces stèles ont fourni des indications précieuses sur les croyances religieuses ou les coutumes domestiques de l'Égypte ancienne; elles ont attiré l'attention des plus éminents égyptologues ; MM. de Rougé et Maspero les ont tour à tour traduites. Il ne m'était donc plus possible de trouver en elles matière à une étude philologique ; aussi, me suis-je borné à copier fidèlement la stèle, à donner l'hiéroglyphe sous sa forme exacte, à mettre enfin en relief ce que la période de la XIIe dynastie a de distinctif et de personnel, renvoyant, pour les traductions, aux fines analyses ayant pour titre : *Un gouverneur de Thèbes au temps de la XIIe dynastie*, et *l'Histoire des âmes d'après les monuments du Louvre* [1].

Les stèles du Louvre, consacrées à des fonctionnaires importants, sont généralement bien gravées ; le style en est ample et fort ; les n°s 15, 167, 168, 196 sont, avec raison, regardés comme des modèles de gravure ; plusieurs ne portent que de faibles marques de peinture ; cependant il paraît certain que tout hiéroglyphe était rehaussé de couleur ; la règle en était générale, et les plus mauvaises stèles portent des traces de peinture verte ou bleue ; si quelques-unes d'entre elles, telles que C 25, n'en offrent plus le moindre vestige, c'est que ces monuments vulgaires étaient moins bien finis ; les noms mêmes, laissés en blanc, prouvent qu'elles étaient destinées aux classes inférieures de la société [2].

Paris, ce 25 juin 1884.

---

[1] MASPERO : *Recueil des travaux*, *Revue philologique*, etc.

[2] Diverses notes philologiques devaient accompagner ce sommaire ; je les avais réunies pendant l'été de 1884 et me proposais de les faire insérer à leur place ; mais, obligé de me rendre à la Mission française du Caire, je me suis vu dans l'impossibilité de les compléter : de plus, mon manuscrit s'étant trouvé égaré, c'est en Egypte, au milieu de dérangements sans nombre, qu'il m'a fallu recomposer de mémoire ce texte abrégé et incomplet ; si, même, il m'est possible de le présenter aujourd'hui, ce n'est que grâce à l'obligeance de M. Guieysse, qui a bien voulu se charger des démarches nécessaires ; j'ose espérer qu'il voudra bien me permettre de l'en remercier et de lui témoigner, à cette place, ma vive gratitude.

Pour les besoins de la publication, mes dessins ont dû être réduits dans une proportion assez forte ; car, exécutés primitivement au tiers du monument, il a fallu les faire entrer dans le format voulu ; quelques-uns, cependant, de faibles dimensions, sont à la grandeur de l'original.

Une liste de nombreuses corrections se trouve à la fin de cette publication ; j'ai exposé en quelques lignes la cause des erreurs qui se sont produites dans la transcription autographique.

Je n'ajouterai rien de plus, sinon que toutes ces corrections ont été faites sur mes copies primitives : M. Will. N. Groff avait bien voulu m'aider à les collationner avant de les livrer et avait apporté à ce travail un soin méticuleux. Qu'il me permette de le remercier aussi et de lui témoigner ma gratitude.

Mission archéologique de France au Caire.
8 décembre 1887.

DESCRIPTION DES STÈLES

C 1 (Pl. I)

Hauteur 1ᵐ 38. Largeur 0ᵐ 80.

Stèle cintrée 1, en pierre calcaire, portant les cartouches d'*Amen-m-hat* Iᵉʳ et *Usert-sen* Iᵉʳ.

Les quatre premières lignes sont occupées par le protocole : à l'avant-dernière ligne, procynème à *Asar*, au nom du capitaine des archers *Mentu-nésu*, né de *Khem-annu*, représenté au dernier registre, assis à côté de sa femme, la divine esclave *Men-khétu ;* devant eux, la table des offrandes agréables, avec l'inscription consacrée, *Tep-hotep ;* le texte se poursuit sur la droite, encadrant le fils de *Mentu-nésu* rendant l'hommage.

C 2 (Pl. II)

Hauteur 1ᵐ 38. Largeur 0ᵐ 65.

Grande stèle cintrée, en pierre calcaire, portant la date de l'an ix du règne de *Usert-sen* Iᵉʳ.

Les quatre premières lignes et la moitié de la cinquième sont occupées par le procynème, et le reste de l'inscription, par les titres de *Hor*, fils de *Sent-ma*, auquel cette stèle était élevée et qui est debout au côté gauche de la stèle.

C 4 (Pl. III)

Hauteur 1ᵐ 85. Largeur 0ᵐ 90.

Stèle en granit rose, datée de l'an xiii du règne d'*Amen-m-hat* III.

Elle contient un procynème à *Asar*, maître de *Dudu ; le dieu grand*, maître d'*Abdu*, en toutes ses demeures, et se poursuit par la formule ordinaire renfermant le détail des offrandes et les titres du mort, *Usert-sen*, fils de *Hator-sat*.

Le bas de la stèle est occupé par deux *Usert-sen*, gravés en creux d'une main très ferme.

---

1 Traduite par M. Maspero.

C 3 (Pl. IV et V)

Hauteur 0ᵐ 95. Largeur 0ᵐ 65.

Belle stèle en calcaire gris [1], cintrée au sommet et datée de l'an ix du règne de *Usert-sen* Iᵉʳ.

Un procynème au nom de *Méri*, fils de *Men-khétu*, termine le texte.

Le registre inférieur est d'un dessin très remarquable.

La partie gauche de la stèle est occupée par les enfants de *Méri*.

Le sous-registre renferme les membres de la famille d'*Antef-khéntau* et de sa femme ; puis, un groupe de suivantes portant des corbeilles ; enfin, les cinq vases qui figuraient déjà C 4.

C 7 (Pl. VI)

Hauteur 0ᵐ 47. Largeur 0ᵐ 35.

Stèle en calcaire blanc, en forme de porte de naos, portant le prénom d'*Amen-m-hat* III.

Cinq registres : le premier, occupé par les yeux symboliques, les cartouches, *Osiris* et *Anubis*, et leurs procynèmes en faveur de deux fonctionnaires, nommés *Usert-sen* et *Sébek-hotep*, fils de *Seha-schat*.

Les autres registres donnent les membres de la famille, affrontés vers l'axe de la stèle, et leurs procynèmes.

C 19 (Pl. VII)

Hauteur 0ᵐ 45. Largeur 0ᵐ 60.

Stèle en calcaire blanc, entourée sur trois côtés par deux procynèmes : l'un, à *Asar*, l'autre, à *Ap-héru* ; à droite, sont représentés faisant l'hommage à leurs parents *Hotep* et *Usert-sen*, *Hotepui* et *Khati*, qui, tous deux, étaient *sau-kher-hat*.

A gauche, un autre personnage nommé *Méri*, qui remplissait la même charge.

C 5 (Pl. VIII et IX)

Hauteur 0ᵐ 71. Largeur 0ᵐ 51.

Stèle de calcaire, cintrée au sommet et encadrée de deux procynèmes : celui de gauche à *Asar* dans l'*Ament*, avec énumération de bœufs, d'oies, de vêtements, d'encens et d'huile au *Ka* de *Sati-sa*, né de *Kati-Urt*, qui remplissait les fonctions de *Nésu-gennuti*, etc.

Celui de droite donne les mêmes formules au nom de *Ap-héru*.

Une inscription en quatre lignes, portant la date de l'an iᵉʳ du règne d'*Amen-m-hat* III, se compose de la formule « faite pour l'éternité, stèle érigée à *Sati-sa* pour affermir son

---

[1] Traduite par M. Maspero.

nom sur l'escalier du *dieu grand;* » puis, l'évocation : « Ah ! vivants sur terre, vous qui cheminez vers cette tombe, » et, enfin, l'énumération des offrandes funèbres au *Ka* de *Sati-sa*, né de *Kati-Urt*.

En trois registres, dont le premier est divisé en deux, sont représentés les membres de la famille et leurs offrandes ; ces personnages sont très nombreux, il est inutile de transcrire ici leurs noms.

C 6 (Pl. X)

Hauteur 0ᵐ 51. Largeur 0ᵐ 25.

Stèle cintrée, en calcaire blanc, hiéroglyphes verts, assez mal gravés ; elle porte au sommet le cartouche d'*Amen-m-hat* Ier, et ne contient que des procynèmes à *Asar*, à *Ptha-sokhar*, à *Anepu* et à *Hator*, en faveur des membres d'une famille très nombreuse, dont les chefs sont *Kefennu* et la maîtresse de maison *Senb*.

C 21 (Pl. XI)

Hauteur 0ᵐ 60. Largeur 0ᵐ 43.

Stèle en calcaire, érigée à un *Usert-sen*.

A gauche, un procynème en colonne, à *Asar* dans l'*Ament*.

Sept lignes horizontales donnent, à droite, les noms des parents du mort, son père *Antef-aker*, sa mère *Hotept*, ses deux frères *Antef* et *Améni*, ses deux sœurs *Hator-sat* et *Sent-nem*, et sa femme *Sat-apu*.

C 22 (Pl. XII)

Hauteur 0ᵐ 57. Largeur 0ᵐ 35.

Jolie stèle de calcaire, en forme de porte ; dans la partie supérieure, petit tableau représentant un *Usert-sen* et sa femme *Hator-sat*, née de *Néfert*.

Les procynèmes qui l'encadrent sont l'un à *Osiris*, l'autre à *Anubis*.

Six colonnettes, affrontées, renferment l'oblation au *dieu grand*, maître d'*Abdu*; à *Asar*, maître de la vie ; à *Ptha-sokhar* et au *dieu grand*, maître du ciel.

Les hiéroglyphes sont rehaussés de bleu.

C 23 (Pl. XIII)

Hauteur 0ᵐ 55. Largeur 0ᵐ 35.

Stèle en calcaire blanc, cintrée au sommet et divisée en trois registres, ayant chacun deux lignes d'inscription.

Au premier, procynème à *Asar*, maître de *Dadu*, et à *Ap-héru*, maître de *Ta-ser*, en faveur de deux fonctionnaires nommés *Hotep* et *Hiqt* ; ce dernier nom est mutilé.

Au deuxième, procynème à *Sokar-Asar* et *Anepu*, en faveur d'un *Usert-sen-ankh*, et sa mère, la maîtresse de maison *Ta-Ta*.

Au troisième, double procynème à *Osiris*, en faveur d'un fonctionnaire ayant la charge des magasins royaux et de la maîtresse de maison *Net*.

Enfin, au bas de la stèle, une dernière ligne contient un dernier procynème à *Osiris*, pour un personnage dont le nom même n'a pas été gravé.

C 26 (Pl. XIV a XXII)
Hauteur 1ᵐ 80. Largeur 1ᵐ 20.

Grande stèle de pierre calcaire [1], consacrée à un personnage nommé *Antef*, et où, malgré tout le soin apporté à la gravure, se sont encore glissées plusieurs fautes épigraphiques.

A la quatrième colonne de droite, le signe *sam* est mis pour *nefer*; ailleurs, ligne 7, au lieu de *ar*, on lit *r*; ligne 8, après le mot *sa*, le pronom *k* est omis; et plus loin, au lieu du signe *am*, on a un signe mal formé; enfin, l'arc de l'un des archers, ligne 26, n'a pas été gravé.

Cette stèle donne un des rares exemples de l'orthographe pleine du mot *menfiu* [2].

C 40 (Pl. XXIII)
Hauteur 0ᵐ 37. Largeur 0ᵐ 48.

Stèle cintrée au sommet, en pierre calcaire, dont les hiéroglyphes, mal gravés, sont rehaussés de vert.

Au sommet, les deux chacals, et au milieu, la dédicace; puis, en deux lignes, le procynème à *Osiris*, maître d'*Abydos*; le *dieu grand*, maître de l'éternité, pour que soient accordées les provisions funèbres, pains, etc., toutes choses bonnes et pures, au *Ka* du grand *Heb* du temple d'*Horus générateur*; *Senb* le véridique.

Dans le registre inférieur, aussi mal dessiné que les hiéroglyphes sont mal gravés, la scène habituelle d'offrande et les noms des membres de la famille.

Le reste de la stèle se compose des parents agenouillés, leurs titres et leurs noms.

C 166 (Pl. XXIV)
Hauteur 0ᵐ 55. Largeur 0ᵐ 29.

Stèle en calcaire, datée de l'an xviii du règne de *Usert-sen* Iᵉʳ.

Procynème à *Anubis*, à *Osiris*, à *Ap-héru* et aux *dieux d'Abydos*; enumération des offrandes funèbres dédiées au fonctionnaire de l'intérieur *Sé-supti*; puis enfin, souhaits relatifs à la présence devant le *dieu grand*, aux fêtes du *Nuter-kher*, au voyage à travers

---

1 Traduite par MM. de Rougé et Maspero.

2 Dans toute cette stèle, une faute de mise en place, faite au tirage des épreuves autographiques, a fait placer les fins de lignes avant les commencements.

les chemins de l'*Ament*, l'audition des acclamations, etc. ; puis enfin, invocation des vivants et des pontifes des temples.

Deux petits registres complètent la stèle : *Sé-supti* y est représenté, ainsi que sa mère *Hapu-sat*, recevant les offrandes de la famille et des serviteurs ; leurs noms courent entre eux, écrits en caractères mi-partie hiératique, mi-partie hiéroglyphique.

C 24 (Pl. XXV)

Hauteur 0ᵐ 42. Largeur 0ᵐ 25.

Stèle calcaire, cintrée au sommet, très fruste et très noircie, qui, en onze lignes, contient un procynème à *Osiris*, au nom de *Senb-tef*, pour qui ce monument était gravé, et les noms des personnes de la famille.

C 138 (Pl. XXVI)

Hauteur 0ᵐ 47. Largeur 0ᵐ 51.

Stèle cintrée, en calcaire, portant des traces de couleurs fort vives.

Au sommet, l'anneau et les yeux ; les deux premiers registres donnent la scène d'offrande : au troisième, quatre lignes d'hiéroglyphes, d'une grande finesse, coupées par d'assez grandes lacunes, où, cependant, on peut reconnaître un procynème à *Konsu* en *Thébaïde*, au nom du prêtre *Mès* et de sa femme *Sépa*.

C 170 (Pl. XXVII et XXVIII)

Hauteur 1ᵐ 05. Largeur 0ᵐ 60.

Stèle en pierre calcaire, cintrée au sommet et portant la date de l'an II du règne de *Usert-sen* II, dont la première ligne renferme le protocole ; les lignes suivantes sont consacrées au procynème à *Osiris*, à la prière, aux formules ordinaires relatives au tombeau près de l'escalier du *dieu grand*, et les qualifications de *Sar*, de *Sebekh*, de *Rekh-khétu*, de *Sau-khétu*, que se donne *Usert-sen*, et se termine par les acclamations qu'il donne à *Asar* et *Ap-héru*.

Les trois registres suivants renferment les membres de la famille et leurs noms.

Plusieurs d'entre eux ne sont qu'à l'état d'ébauche, et ce fait donne quelques indications sur les procédés employés par les graveurs égyptiens.

Sans doute, chaque graveur était entouré d'élèves ou de praticiens ; de là, ces corps gravés et ces têtes à peine esquissées d'une main ferme, dont, en raison de la ressemblance, l'artiste devait se réserver l'exécution.

Un dernier registre en damier termine la stèle et donne les noms des membres de la famille.

C 173 (Pl. XXIX)

Hauteur 0ᵐ 58. Largeur 0ᵐ 37.

Stèle rectangulaire, en calcaire, d'un travail assez grossier ; elle débute par un procynème en trois lignes, au *dieu grand*, maître d'*Abydos*, avec énumération d'offrandes aux fêtes de *Thot*, de *Sokar*, de *Kons* et du commencement de l'année.

Le monument était érigé à un personnage du nom de *Anur-sa*, né de *Képrert*, représenté avec ses femmes et ses trois enfants.

Les deux autres registres de la stèle se divisent en deux sous-registres : au premier, les deux frères de *Anur-sa*, *Hik*, et leur mère *Képrert*; puis, *Suhu-m-khet* et sa femme *Aku*.

La partie droite et tout le bas de l'inscription sont remplis des noms des parents et des serviteurs au nombre de soixante-dix.

Aux dernières lignes de la première colonne de droite, un dernier procynème en faveur de l'un des personnages, nommé *Antef*, termine l'inscription.

C 174 (Pl. XXX)

Hauteur 0ᵐ 81. Largeur 0ᵐ 50.

Belle stèle de calcaire [1], peinte en vert, élevée à un personnage, nommé *Usert-sen;* trois lignes horizontales donnent un procynème à *Osiris* et les titres du mort, ainsi que les louanges qu'il se donne et qui remplissent les cinq colonnes du côté droit de la stèle.

C 176 (Pl. XXXI)

Hauteur 0ᵐ 60. Largeur 0ᵐ 45.

Stèle rectangulaire en pierre calcaire.

Première scène : *Mentu-hotep*, fils d'*Ata*, et sa femme *Sat-Amen*, assis devant la table chargée des offrandes agréables.

Deuxième scène : *Ata* et son mari *Mentu-hotep*, fils de *Abu*.

Les deux procynèmes sont au *dieu grand*, maître d'*Abydos*.

C 177 (Pl. XXXII)

Hauteur 0ᵐ 43. Largeur 0ᵐ 33.

Stèle en pierre calcaire, un peu fruste à l'angle gauche supérieur.

Sept colonnes renferment le procynème à *Asar* et *Ap-héru*; l'invocation des « vivants qui aiment la vie et qui détestent la mort; » les vœux d'offrandes funèbres aux fêtes *Uak*,

---

[1] Traduite par M. Pierret.

Tahut et *Rokeh*, et les souhaits relatifs à la navigation souterraine, et l'audition des acclamations.

Les deux autres registres contiennent la famille d'Améni, fils d'*Apa*, pour qui cette stèle avait été faite, et qui est représenté debout sur la gauche du premier registre.

C 178 (Pl. XXXIII)

Hauteur 0^m 47. Largeur 0^m 30.

Les deux premières lignes donnent le procynème à *Asar*, maître de *Dadu*; les lignes suivantes, les noms des parents de *Ra-khéper-ka*, fils de *Maut-n-Ankhtu*, pour qui le monument était gravé.

C 179 (Pl. XXXIV)

Hauteur 0^m 60. Largeur 0^m 40.

Stèle rectangulaire en pierre calcaire, composée de deux registres ayant chacun un sous-registre.

Le premier renferme un procynème en faveur d'un personnage, nommé *Améni*, et sa femme *Hotept*; Améni est qualifié de *Suten-rekh*, et sa femme, de *Sat-ha-nès-pa*.

Dans le sous-registre, leurs deux enfants.

Au second registre, second procynème : *Ptah-s-ankh*, fils d'*Améni*, et sa femme *Hotept*.

Au sous-registre, leurs deux enfants.

C 180 (Pl. XXXV)

Hauteur 0^m 40. Largeur 0^m 27.

Petite stèle rectangulaire en pierre calcaire.

Procynème en trois lignes, à *Asar*, maître de *Dadu* et d'*Abdu*.

Premier registre : *Hor-m-ha* et sa femme *Khet-ankh*, recevant l'offrande.

Deuxième registre : leur fils et sa femme.

C 181 (Pl. XXXVI)

Hauteur 0^m 41. Largeur 0^m 30.

Petite stèle cintrée au sommet.

Quatre lignes d'inscription débutent par l'invocation : « Ah! vous qui vivez sur cette terre et qui passez près de cette demeure funèbre, vous qui aimez la vie, » etc., et se poursuivent par une demande de prière à *Anubis*, en faveur du mort, *Hor-s-ankh*, fils de *Sebek-Hotep*.

C 182 (Pl. XXXVII)

Hauteur 0ᵐ 44. Largeur 0ᵐ 26.

Stèle en calcaire, surmontée d'une gorge ; dans la partie supérieure, une demi-ligne horizontale et quatre petites colonnettes contenant deux procynèmes à *Seb*, au nom de *Benkh-Benkh*, assise au premier registre, et de *Antef-àker*, assis au second.

Le bas de la stèle est formé par douze colonnettes renfermant six procynèmes à *Osiris*, à *Seb*, au *dieu grand*, maître du ciel, etc.

C 183 (Pl. XXXVIII)

Hauteur 0ᵐ 57. Largeur 0ᵐ 35.

Stèle en pierre calcaire, taillée en forme de porte.

Deux lignes horizontales renferment un procynème au nom de *Sa-neb*, représenté assis en face d'un scribe.

Les offrandes remplissent le bas de la stèle.

C 187 (Pl. XXXIX)

Hauteur 0ᵐ 28. Largeur 0ᵐ 19.

Petite stèle en calcaire, cintrée au sommet.

Neuf lignes d'inscription, divisées en deux colonnes affrontées, donnent, à droite, un procynème à *Asar* et *Ap-héru*, en faveur de *Khem-hotep* et sa femme *Nekhtu*.

La colonne de gauche donne les noms de leurs parents.

C 189 (Pl. XL)

Hauteur 0ᵐ 32. Largeur 0ᵐ 24.

Petite stèle de calcaire, cintrée au sommet ; quatre lignes d'inscription contiennent le procynème à *Osiris* et *Anubis*, en faveur du mort, *Senb-Ameni*, qui est représenté avec sa famille dans les deux registres suivants.

C 197 (Pl. XLI)

Hauteur 0ᵐ 56. Largeur 0ᵐ 38.

Stèle en pierre calcaire peinte.

La colonne de droite donne un procynème à *Osiris*, en faveur d'un personnage, nommé *Amen-aa*, représenté, au premier registre, avec sa femme.

Au deuxième registre, sont assis le père et la mère d'*Amen-aa*.

C 198 (Pl. XLII)

Hauteur 1ᵐ 00. Largeur 0ᵐ 47.

Stèle de calcaire tendre, d'une gravure archaïque très irrégulière.

L'inscription en sept lignes ne donne que trois procynèmes : le premier, à *Osiris*; les deux suivants, à *Anubis*.

La stèle était érigée à un fonctionnaire nommé *Nem-ur* et sa femme *Anu*.

C 199 (Pl. XLIII)

Hauteur 0ᵐ 28. Largeur 0ᵐ 30.

Stèle de pierre calcaire, fruste et noircie, qui ne se compose que d'un procynème à *Osiris*, au nom de *Ta-Ta*, né de *Kem-aa*.

C 200 (Pl. XLIV)

Hauteur 0ᵐ 33. Largeur 0ᵐ 27.

Jolie stèle rectangulaire en calcaire peint : trois lignes d'inscription renferment un procynème à *Bast*.

Le tableau inférieur montre *Mentu-hotep*, pour qui la stèle était faite, assis à côté de sa femme *Kiu* et recevant l'offrande de leurs trois enfants.

A (Pl. XLV)

Stèle non inscrite au Catalogue.

Stèle de pierre calcaire, dont la gravure est peu soignée.

Procynème à *Asar* et au *dieu grand*; puis, deux registres où figure la famille.

B (Pl. XLVI)

Stèle non inscrite au Catalogue.

Stèle en pierre calcaire, datée de l'an xiv du règne d'*Amen-m-hat* **V**. Quatre lignes horizontales contiennent le cartouche, la formule ordinaire, les titres et le nom de *Mentu-nésu*, auquel ce monument était dédié. Les titres se poursuivent en deux colonnes encadrant la stèle; là, *Mentu-nésu* est appelé *r-pa* de la grande salle de l'intérieur, le *mur* du double palais, le parent royal, le maître des secrets du maître des deux terres, lorsqu'il fait ses offrandes en Thébaïde.

Enfin, trois petites lignes renferment un acte d'adoration.

Mentu-nésu, représenté au milieu de la stèle, est dessiné d'une main très ferme.

C 30 ? (Pl. XLVII)

Hauteur 1^m 05. Largeur 0^m 57.

Stèle de *Sébek-hotep*. Inscription seule.

C 185 (Pl. XLVIII)

Hauteur 0^m 48. Largeur 0^m 37.

Stèle de *Tenà*. Inscription seule.

C 188

Hauteur 0^m 50. Largeur 0^m 48.

Stèle de *Usert-sen*. Inscription seule.

C 193

Hauteur 0^m 33. Largeur 0^m 18.

Stèle de *Ran-Senb*. Inscription seule.

C 181

Hauteur 0^m 41. Largeur 0^m 30.

Stèle de *Hor-s-ankh*. Inscription seule.

C 175 (Pl. XLIX)

Hauteur 0^m 44. Largeur 0^m 26.

Stèle de *Net'm-Sébek*. Inscription seule.

C 190

Hauteur 0^m 22. Largeur 0^m 15.

Stèle de *Ran-Senb*. Inscription seule.

C 191 (Pl. L)

Hauteur 0^m 21. Largeur 0^m 17.

Stèle de *Béta*. Inscription seule.

C 192

Hauteur 0ᵐ 21. Largeur 0ᵐ 14.

Stèle de *Usert-sen*. Inscription seule.

C 184

Hauteur 0ᵐ 54. Largeur 0ᵐ 31.

Stèle de *Baau*. Inscription seule.

C 45

Hauteur 0ᵐ 55. Largeur 0ᵐ 38.

Stèle de *Ju-Senb*. Inscription seule.

Fragment sans numéro (Pl. LI)

Stèle de *Asi*. Inscription seule.

C 36

Hauteur 0ᵐ 27. Largeur 0ᵐ 22.

Stèle de *Nekht*. Inscription seule.

C 16

Hauteur 0ᵐ 55. Largeur 0ᵐ 44.

Stèle de *Usert-sen*. Inscription seule.

C 17 (Pl. LII)

Hauteur 0ᵐ 54. Largeur 0ᵐ 77.

Stèle de *Usert-sen*. Inscription seule.

C 18

Hauteur 0ᵐ 52. Largeur 0ᵐ 76.

Stèle de *Usert-sen*. Inscription seule.

C 38

Hauteur 0ᵐ 50. Largeur 0ᵐ 30.

Stèle de *Ankhu*. Inscription seule.

C 30 z (Pl. LIII)
Hauteur 1^m 05. Largeur 0^m 57.

Stèle de *Sébek-hotep*. Inscription seule.

C 45 (Pl. LIV)
Hauteur 1^m 10. Largeur 1^m 05.

Magnifique fragment de calcaire blanc.

Des premières lignes du texte, peu de mots sont restés; il était question de constructions qui perçaient jusqu'au ciel, et d'autres fondations *(mennu)*, ainsi que de l'escalier du *dieu grand*; mais, à partir de *nok-héski*, etc., on entre dans la louange que le mort fait de lui-même, puis à la dernière ligne se trouvent mentionnés le cercueil de cèdre, les inscriptions gravées à l'avant du tombeau, l'or pur et le *khesbet* vrai.

Puis le texte se termine par l'évocation des vivants sur terre, qu'a traduite M. Grébaut dans son article sur les *sar* [1].

Une ligne, divisée en petites colonnettes, renferme au bas une litanie de *Ra*, *Asphéru*, *Thot*, *Knum*, etc. Cette litanie est encadrée par deux petites lignes horizontales; celle de gauche, encore intacte, contient le nom du mort, qui ajoute à son nom un nouveau panégyrique; celle de droite était formée d'une invocation des vivants.

Après ce texte, vient un petit bas-relief sur la perfection duquel on ne saurait trop insister.

Au-dessous du bas-relief, les membres de la famille et leurs serviteurs avec leurs offrandes; le style de toutes les scènes est très remarquable.

A droite, *Mar-kau* est assis à côté de sa femme, *Un-m-ma*; derrière eux, une esclave, viennent ensuite les membres de la famille, les offrandes et enfin une porte de style ancien, ornée d'yeux symboliques et flanquée de deux personnages.

A droite, enfin, deux femmes, dont l'une présente un collier.

C 167 et 168 (Pl. LV et LVI)
Hauteur 0^m 82. Largeur 0^m 90. — Hauteur 0^m 76. Largeur 0^m 90.

Magnifiques fragments, le premier daté de l'an xxvi du règne de *Usert-sen* Ier? et dédiés à un personnage, nommé *Antef*.

Ces monuments ayant maintes fois été décrits, je crois inutile d'en recommencer le détail.

---

[1] Hymne à Ammon-Ra.

C 32 (Pl. LVII)

Hauteur 0^m 60. Largeur 0^m 46.

Stèle de *Nekht-ankh*. Inscription seule.

C 31

Hauteur 0^m 56. Largeur 0^m 42.

Stèle de *Sébek-hotep*. Inscription seule.

C 33 (Pl. LVIII)

Hauteur 0^m 30. Largeur 0^m 30.

Stèle de *Papi*. Inscription seule.

C 196 (Pl. LIX)

Hauteur 0^m 66. Largeur 0^m 55.

Belle stèle rectangulaire, dédiée à *Sa-kher-ta* [1].

Ce beau monument ayant déjà été publié et décrit, je n'entrerai pas dans une nouvelle description.

D (Pl. LX)

Stèle non inscrite au Catalogue.

Stèle rectangulaire, en pierre calcaire, consacrée à un personnage, nommé *Sébek-dudu*, représenté dans le bas de la stèle, assis en face de ses enfants, nommés *Améni* et *Usert-sen*.

Outre le titre de *r-pa-haa*, ce fonctionnaire porte celui de *suten-nes'* et de *s'meter*, sorte de juge « faisant justice aux bons, punissant les méchants et transmettant les suppliques au Pharaon. »

A la sixième colonne, *Sébek-dudu* prend la parole pour dire les honneurs qu'il a rendus à ses pères.

[1] Traduite par MM. de Rougé et Pierret.

FIN

CHALON-SUR-SAÔNE, TYPOGRAPHIE ET LITHOGRAPHIE DE L. MARCEAU.

BIBLIOTHÈQUE

DE L'ÉCOLE

DES HAUTES ÉTUDES

PUBLIÉE SOUS LES AUSPICES

DU MINISTÈRE DE L'INSTRUCTION PUBLIQUE

SCIENCES PHILOLOGIQUES ET HISTORIQUES

SOIXANTE-HUITIÈME FASCICULE

MUSÉE DU LOUVRE

STÈLES DE LA XII⁰ DYNASTIE

Par E. GAYET

PARIS

F. VIEWEG, LIBRAIRE-ÉDITEUR

67, RUE DE RICHELIEU, 67

1886

Le tirage des planches parues dans les deux précédentes livraisons s'est effectué en mon absence sans qu'il me fût possible de le surveiller et de corriger les épreuves ; cependant j'avais l'absolue certitude que les dessins remis par moi au jury de l'École des Hautes Études avaient comme texte une exactitude rigoureuse. J'avais pris plusieurs copies au Louvre, je les avais collationnées sur le monument et entre elles et j'avais revu au Louvre même tous les points douteux ; aussi grand fut mon étonnement lorsque parurent les deux livraisons ; je m'empressai de comparer les stèles publiées avec les anciennes copies dont je parlais plus haut ; de nombreuses fautes d'autographie avaient été faites ; elles s'expliquent d'autant mieux que mes copies donnent le fac-similé des monuments du Louvre, qu'elles ont été revisées au Louvre en mon absence et que là où la connaissance de la langue nous sert à reconnaître le signe fautif ou mal gravé l'autographiste n'a vu qu'une forme vague qu'il a trop voulu préciser.

1ère Livraison.

			au lieu de	lire
C 1	Signe 3	erreur de signe	[hiéroglyphes]	[hiéroglyphes]
"	4	groupe passé	[hiéroglyphes]	[hiéroglyphes]
,	5	erreur de signe	[hiéroglyphes]	[hiéroglyphes]
.	6	"	[hiéroglyphes]	[hiéroglyphes]
.	6	"	[hiéroglyphes]	[hiéroglyphes]
.	6	"	[hiéroglyphes]	[hiéroglyphes]
"	11	,	[hiéroglyphes]	[hiéroglyphes]
.	12	"	[hiéroglyphes]	[hiéroglyphes]
.	12	"	[hiéroglyphes]	[hiéroglyphes]
.	13	"	[hiéroglyphes]	[hiéroglyphes]
5ème colonne en commençant à droite			[hiéroglyphes]	[hiéroglyphes]
8e			[hiéroglyphes]	[hiéroglyphes]

C2   ligne 1   signe passé au lieu de [hiéroglyphes] lire [hiéroglyphes]

,,   8   ———————— [hiéroglyphes]

"   8   ———————— [hiéroglyphes]

.   8   ———————— [hiéroglyphes]

,,   9   erreur de signe au lieu de [hiéroglyphes]

,,   10   ———————— [hiéroglyphes]

,,   11   ———————— [hiéroglyphes]

,,   12   signe passé [hiéroglyphes]

C4   3   erreur de signe [hiéroglyphes]

,,   3   [hiéroglyphes]

,,   6   ———————— [hiéroglyphes]

C3   4   ———————— [hiéroglyphes]

,,   5   ———————— [hiéroglyphes]

,,   12   transposition de signe [hiéroglyphes]

,,   17   signe passé [hiéroglyphes]

,,   19   erreur de signe [hiéroglyphes]

,,   20   signe incomplet [hiéroglyphes]

,,   21   erreur de signe [hiéroglyphes]

C7   sous les yeux symboliques [hiéroglyphes]

———————— [hiéroglyphes]

3ème registre   ———————— [hiéroglyphes]

4e registre   ———————— [hiéroglyphes]

3

C 19   colonne de gauche au lieu de _______ lire

25   ligne 4 au lieu _______ lire

    " 4 _______

bas de la colonne de gauche transposition de signe :

au lieu de _______ lire

C 6   1ère ligne, groupe passé. au lieu de _______

3e registre 4e col. à droite au lieu de _______

avant-dernière ligne au lieu de _______

C 21   ligne au lieu de _______

7e ligne _______

dernière colonne _______

C 26.   Partout par erreur, la fin de la ligne est placé avant le commencement, de plus certains groupes encore lisibles dans les lacunes ont été omis :

2ème ligne indiquée comme effacée

au lieu de _______ lire

4ème " _______

7e " erreur de signe _______

9e " _______

10e " _______

11e " signe passé _______

4

ligne 14   signe passé au lieu de   [hiéroglyphes]   lire   [hiéroglyphes]

ligne 15   signe mal formé _____   [hiéroglyphes]   [hiéroglyphes]

 "   17   erreur de signe au lieu de   [hiéroglyphes]   [hiéroglyphes]

 "   "   [hiéroglyphes]   [hiéroglyphes]

      21   signe mal formé au lieu de   [hiéroglyphes]   [hiéroglyphes]

      22   signe passé _____   [hiéroglyphes]   [hiéroglyphes]

      27   signe mal formé _____   △ _____ ◁

C 40   groupe passé au 1ᵉʳ registre après le 1ᵉʳ personnage agenouillé   [hiéroglyphes]

3ᵐᵉ registre 4ᵐᵉ colonne, en commençant à gauche

                              au lieu de [hiéroglyphes] lire [hiéroglyphes]

4 _____ 2 _______________________   [hiéroglyphes] _____ [hiéroglyphes]

4 _____ 4 _______________________   [hiéroglyphes] _____ [hiéroglyphes]

4 _____ 5 _______________________   [hiéroglyphes] _____ [hiéroglyphes]

C 166   ligne 3   au lieu de _____   [hiéroglyphes]   [hiéroglyphes]

 "   4   signe passé au lieu de   [hiéroglyphes]   [hiéroglyphes]

nom du dernier personnage _____   [hiéroglyphes]   [hiéroglyphes]

dernière ligne, groupe altéré _____   [hiéroglyphes]   [hiéroglyphes]

_______________ signe passé _____   [hiéroglyphes]   [hiéroglyphes]

C 24   3ᵉ ligne   erreur de signe au lieu de [hiéroglyphes] lire [hiéroglyphes]

       5ᵉ ligne _____   [hiéroglyphes] _____ [hiéroglyphes]

C 170   ligne 1   signe mal formé _____   [hiéroglyphes]   [hiéroglyphes]

        ligne 6   erreur de signe _____   [hiéroglyphes] _____ [hiéroglyphes]

5

C 170   ligne 6   erreur de signe   au lieu de ⸻   lire

3ᵉ registre   1ʳᵉ colonne   2ᵉ nom ⸻

4ᵉ registre   6ᵉ col.   2ᵉ nom ⸻

4ᵉ registre, 2ᵉ colonne   1ᵉʳ nom ⸻

C 173

1ᵉʳ registre   nom de l'homme ⸻   lire

après celui de la ferme ⸻

2ᵉ registre, 2ᵉ partie   groupe passé ⸻   lire

1ʳᵉ colonne   ligne 11   au lieu de ⸻

ligne 19 ⸻

2ᵉ colonne   ligne 15 ⸻

3ᵉ colonne   ligne 7 ⸻

„ 10 ⸻   au lieu de ⸻   lire

„ 14 ⸻   lire

„ 32 ⸻

C.174   dernière colonne   au lieu de ⸻

C 176

ligne 4   au lieu de   lire

4 ⸻

C.177   2ᵉ colonne   au lieu de ⸻

1ᵉʳ registre   nom du 3ᵉ personnage ⸻   lire

C 180   ligne 3   au lieu de ⸻   lire

C. 181   ligne 1   au lieu de _______   lire
ligne 2   _______   lire
ligne 3   _______
ligne 3   _______
2ᵉ registre. 2ᵉ nom   au lieu de _______
_______ 5 _______

C. 182   dans toute cette stèle lire affecte la forme

4ᵉ colonne au bas.   au lieu de   lire
C. 183   2ᵉ colonne   au lieu de
C. 187   ligne 3   au lieu de
ligne 6   _______
8   _______
. 9   _______

C. 189   ligne 3   _______

C. 197.   Cette stèle est presque en hiératique; ma copie étant fac-
simile, je ne puis être considéré comme ayant donné cette
transcription; plusieurs groupes sont très-frustes, particuliè-
rement le groupe transcrit qui donne d'autres débris, les
deux lignes horizontales sont en outre couvertes de vestiges de
signes d'une écriture très-hardie.

Je me borne à relever deux fautes:
ligne 2 au lieu de _______   lire
devant le nom de la femme _______

7

C. 198   lignes 3 et 5   au lieu de   ⸻   lire   ⸻

          nom de la femme ⸻

C. 199

          ligne 5   au lieu de   ⸻   lire   ⸻

          ligne 6   ⸻

C. 200   ligne 3   au lieu de   ⸻   lire   ⸻

A   2ᵉ registre devant le premier personnage ;

                      au lieu de ⸻   lire   ⸻

          devant le 2ᵉ personnage au lieu de ⸻   ⸻

B   2ᵉ ligne   au lieu de ⸻   ⸻

          2ᵉ ligne ⸻

          3ᵉ ⸻

          1ʳᵉ ligne intérieure ⸻

          colonne de gauche ⸻

Stèle C 30ß

          ligne 1   au lieu de ⸻   ⸻

          ligne 7 ⸻

          ligne 9 ⸻

          ligne 9 ⸻

          ligne 10 ⸻

          ligne 11 ⸻

          2ᵉ registre, après ⸻ lire ⸻

C. 185.

          Les coupures entre les divers groupes ont été oubliées ; il faut lire :

8

C. 188

1er groupe de gauche   au lieu de   [hiéroglyphes]   lire   [hiéroglyphes]

2e colonne   au lieu de   [hiéroglyphes]   lire   [hiéroglyphes]

4e colonne   [hiéroglyphes]

C. 193   1ere ligne   [hiéroglyphes]

C. 175   2e registre   [hiéroglyphes]

C. 190   ligne 2   au lieu de   [hiéroglyphes]

ligne 3   [hiéroglyphes]

2e registre   [hiéroglyphes]

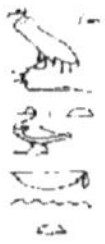

2e registre   [hiéroglyphes]

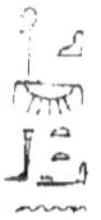

2e registre   [hiéroglyphes]

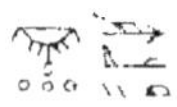

C. 191   2e colonne   au lieu de   [hiéroglyphes]   lire   [hiéroglyphes]

5e colonne passée   inscription   [hiéroglyphes]

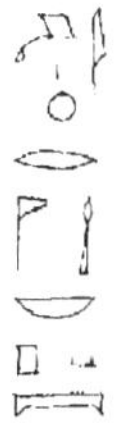

C. 192   ligne 6   au lieu de _______ [groupe hiéroglyphique]   lire [groupe hiéroglyphique]

C. 194   ligne 2   au lieu de _______ [groupe hiéroglyphique]   [groupe hiéroglyphique]

    2.e registre 4.e nom _______ [groupe hiéroglyphique]   [groupe hiéroglyphique]

    3.e registre 1.er nom _______ [groupe hiéroglyphique]   [groupe hiéroglyphique]

    dernier registre _______ [groupe hiéroglyphique]   [groupe hiéroglyphique]

C. 45   _______ 171

    ligne 4 à droite   au lieu de _______ [groupe hiéroglyphique]   [groupe hiéroglyphique]

    dernière ligne _______ [groupe hiéroglyphique]   [groupe hiéroglyphique]

C. 36   ligne 1   au lieu de [groupe hiéroglyphique]   lire [groupe hiéroglyphique]

    ligne ? [groupe hiéroglyphique]   [groupe hiéroglyphique]

C. 16   ligne 2. au lieu de _______ [groupe hiéroglyphique]   lire [groupe hiéroglyphique]

C. 17.   ligne 5 _______ [groupe hiéroglyphique]   [groupe hiéroglyphique]

C. 18   ligne 4 _______ [groupe hiéroglyphique]   [groupe hiéroglyphique]

C. 38   ligne 3 _______ [groupe hiéroglyphique]   [groupe hiéroglyphique]

C. 30   ligne 2   au lieu de _______ [groupe hiéroglyphique]   lire [groupe hiéroglyphique]

    ligne 3 [groupe hiéroglyphique]   [groupe hiéroglyphique]

    ligne 4 _______ [groupe hiéroglyphique]   lire [groupe hiéroglyphique]

    ligne 4 _______ [groupe hiéroglyphique]   lire [groupe hiéroglyphique]

    ligne 6 _______ [groupe hiéroglyphique]   [groupe hiéroglyphique]

    ligne 6 _______ [groupe hiéroglyphique]   [groupe hiéroglyphique]

    ligne 9 _______ [groupe hiéroglyphique]   [groupe hiéroglyphique]

    groupe de gauche au lieu de _______ [groupe hiéroglyphique]   [groupe hiéroglyphique]

    3.e registre 5.e nom au lieu de :

    [groupe hiéroglyphique]   [groupe hiéroglyphique]

C. 15

ligne 1   au lieu de [hiéroglyphes]   lire [hiéroglyphes]

ligne 3 ____________ [hiéroglyphes] ____________ [hiéroglyphes]

ligne 5 ____________ [hiéroglyphes] ____________ [hiéroglyphes]

ligne 5 ____________ [hiéroglyphes] ____________ [hiéroglyphes]

ligne 7 ____________ [hiéroglyphes] ____________ [hiéroglyphes]

ligne 8 ____________ [hiéroglyphes] ____________ [hiéroglyphes]   *forme particulière*

ligne 8 ____________ [hiéroglyphes] ____________ [hiéroglyphes]

15.e nom de la litanie — au lieu de [hiéroglyphes] ____________ [hiéroglyphes]

17.e ____________ [hiéroglyphes] ____________ [hiéroglyphes]

18.e ____________ [hiéroglyphes] ____________ [hiéroglyphes]

2.e registre ligne 1 au lieu de [hiéroglyphes] ____________ [hiéroglyphes]

groupe devant les 2.des personnages

     au lieu de [hiéroglyphes] ____________ [hiéroglyphes]

____________ [hiéroglyphes] ____________ [hiéroglyphes]

groupe central au lieu de [hiéroglyphes] ____________ [hiéroglyphes]

11

C. 166

1ere ligne de gauche au lieu de [hiéroglyphes] lire [hiéroglyphes]

groupe devant le dernier personnage [hiéroglyphes] [hiéroglyphes]

C. 167

ligne 6. au lieu de _______ [hiéroglyphes] [hiéroglyphes]

ligne 7 __________ [hiéroglyphes] [hiéroglyphes]

ligne 8 __________ [hiéroglyphes] [hiéroglyphes]

ligne 9 __________ [hiéroglyphes] [hiéroglyphes]

ligne 9 __________ [hiéroglyphes] [hiéroglyphes]

ligne 9 __________ [hiéroglyphes] [hiéroglyphes]

ligne 10 __________ [hiéroglyphes] [hiéroglyphes]

ligne 11 au lieu de [hiéroglyphes] lire [hiéroglyphes]

ligne 11 au lieu de [hiéroglyphes] lire [hiéroglyphes] deux fois

2e registre. 4e personnage au lieu de [hiéroglyphes] lire [hiéroglyphes]

2e registre. 2e rang _______ [hiéroglyphes] [hiéroglyphes]

__________ [hiéroglyphes] [hiéroglyphes]

Dernière ligne au lieu de _______ [hiéroglyphes] [hiéroglyphes]

__________ [hiéroglyphes] [hiéroglyphes]

C. 168

2e registre au lieu de _______ [hiéroglyphes] [hiéroglyphes]

3e registre 1er rang _______ [hiéroglyphes] [hiéroglyphes]

__________ [hiéroglyphes] [hiéroglyphes]

__________ [hiéroglyphes] [hiéroglyphes]

12

3.ᵉ registre 2.ᵉ rang au lieu de .... lire

C. 32. ligne 1 au lieu de ....

3.ᵉ registre au lieu de .... lire

C. 3.

groupe de gauche au lieu de .... lire

ligne 3 ....

2.ᵉ registre au lieu de ....

C. 33 1.ᵉʳ registre au lieu de ....

2.ᵐᵉ registre ligne 2 ....

ligne 3 ....

ligne 6 ....

C. 196 ligne 2 ....

1.ᵉʳ registre ....

2.ᵉ ....

3.ᵉ colonne à droite au lieu de ....

Dernière planche

1.ᵉ colonne ....

4.ᵉ colonne ....

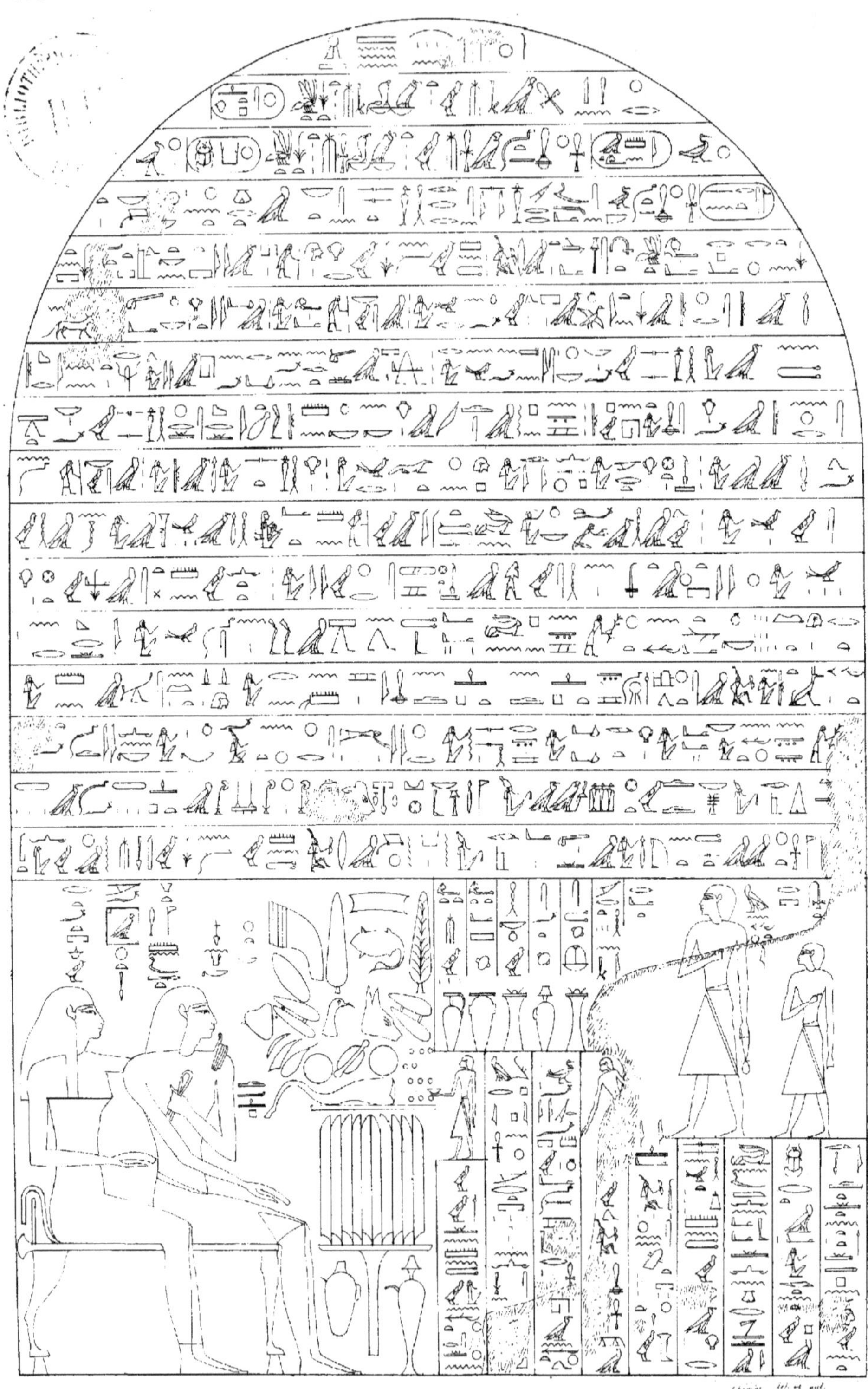
Chabas del. et scul.

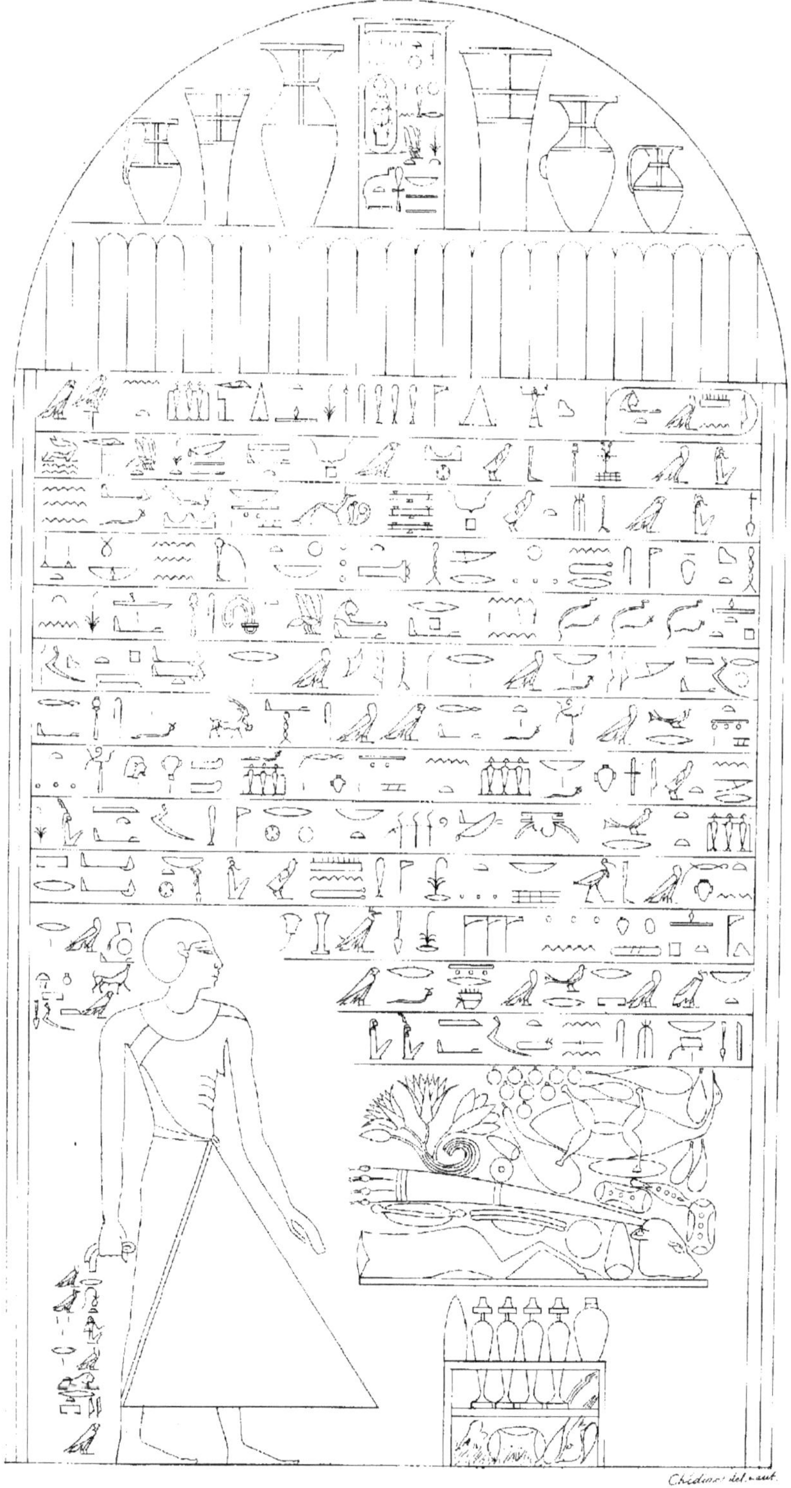

C. Lédino del. naut.

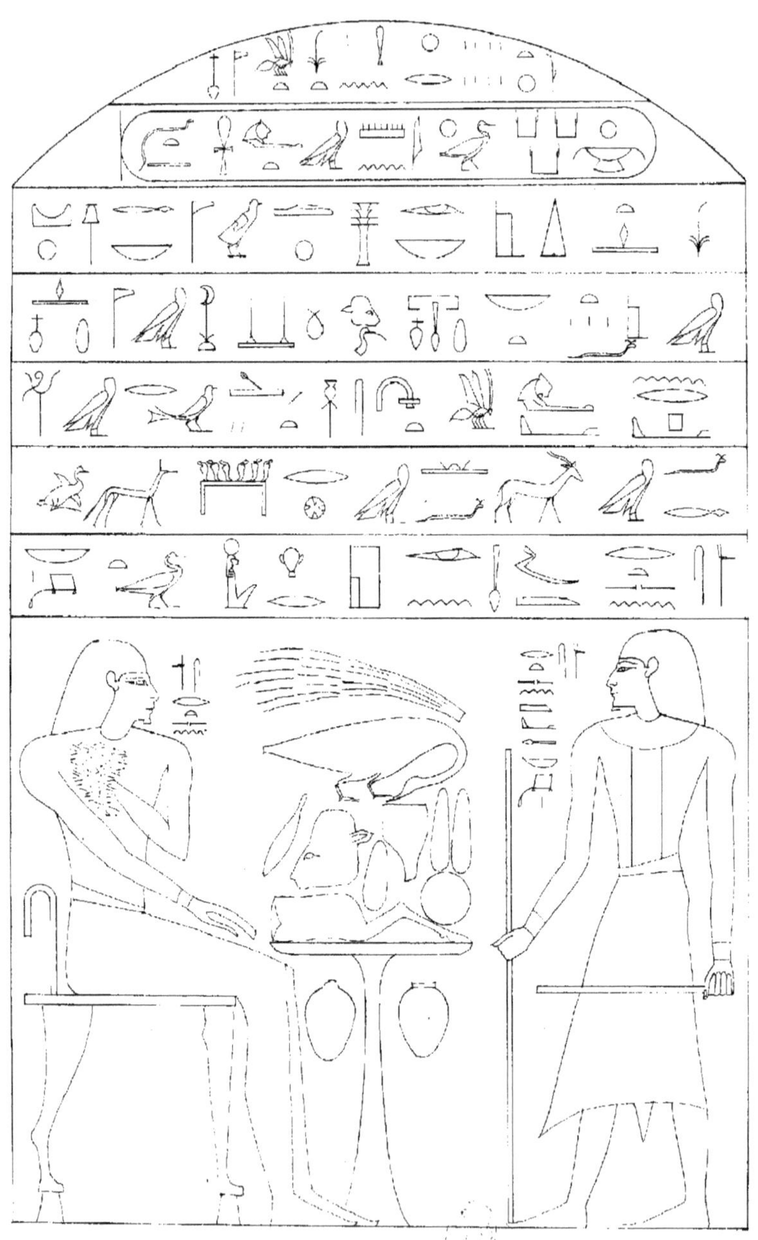

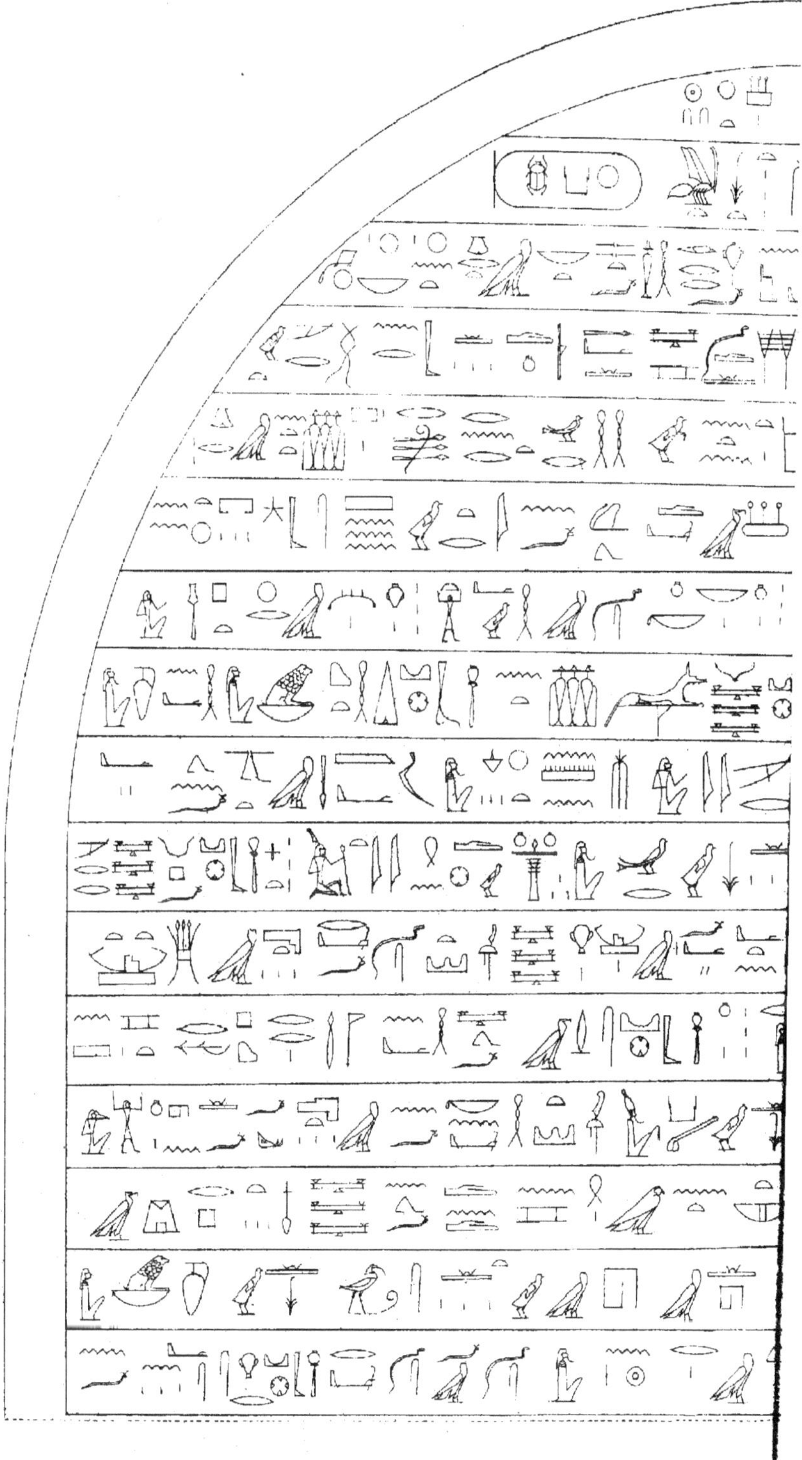

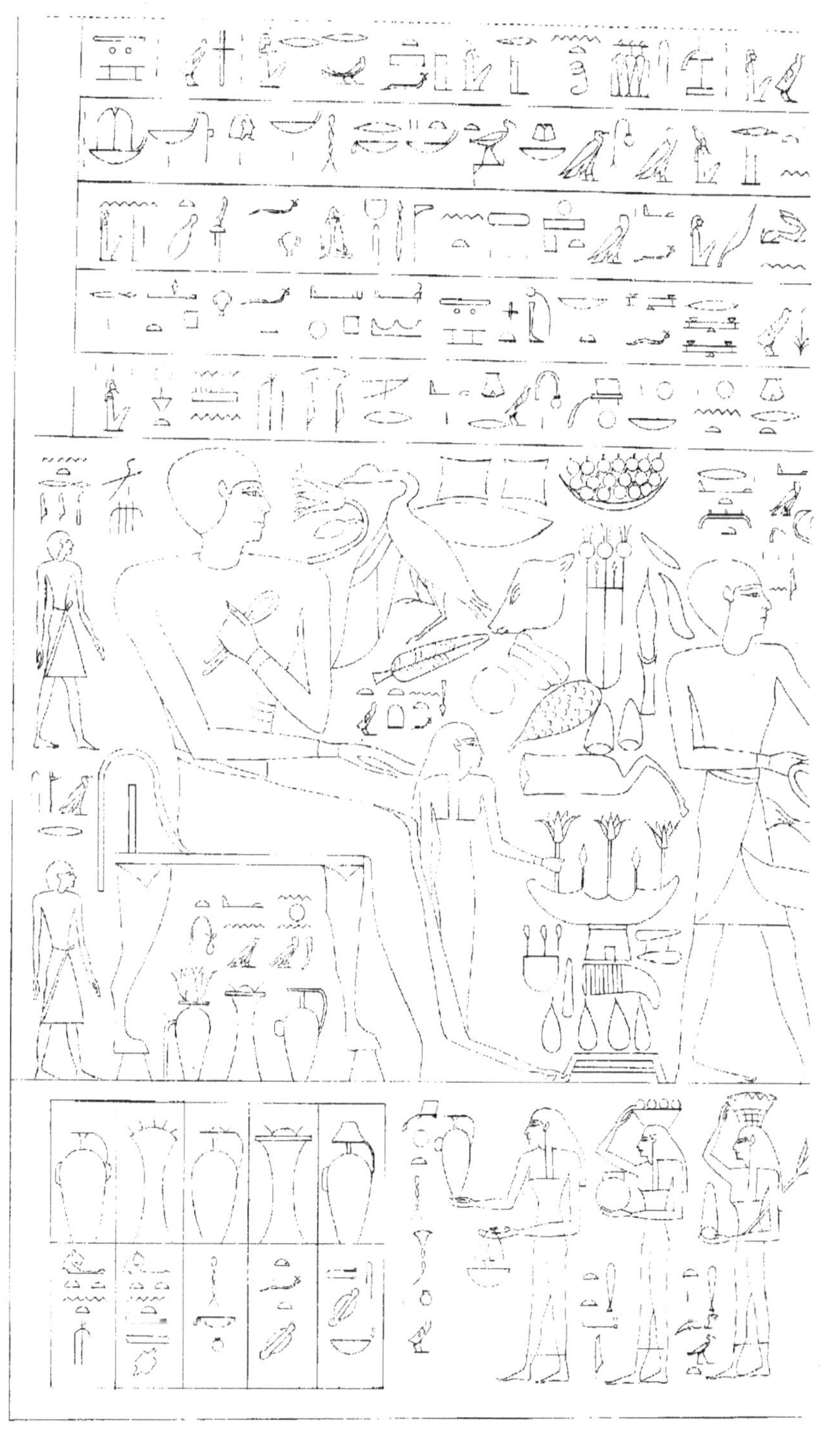

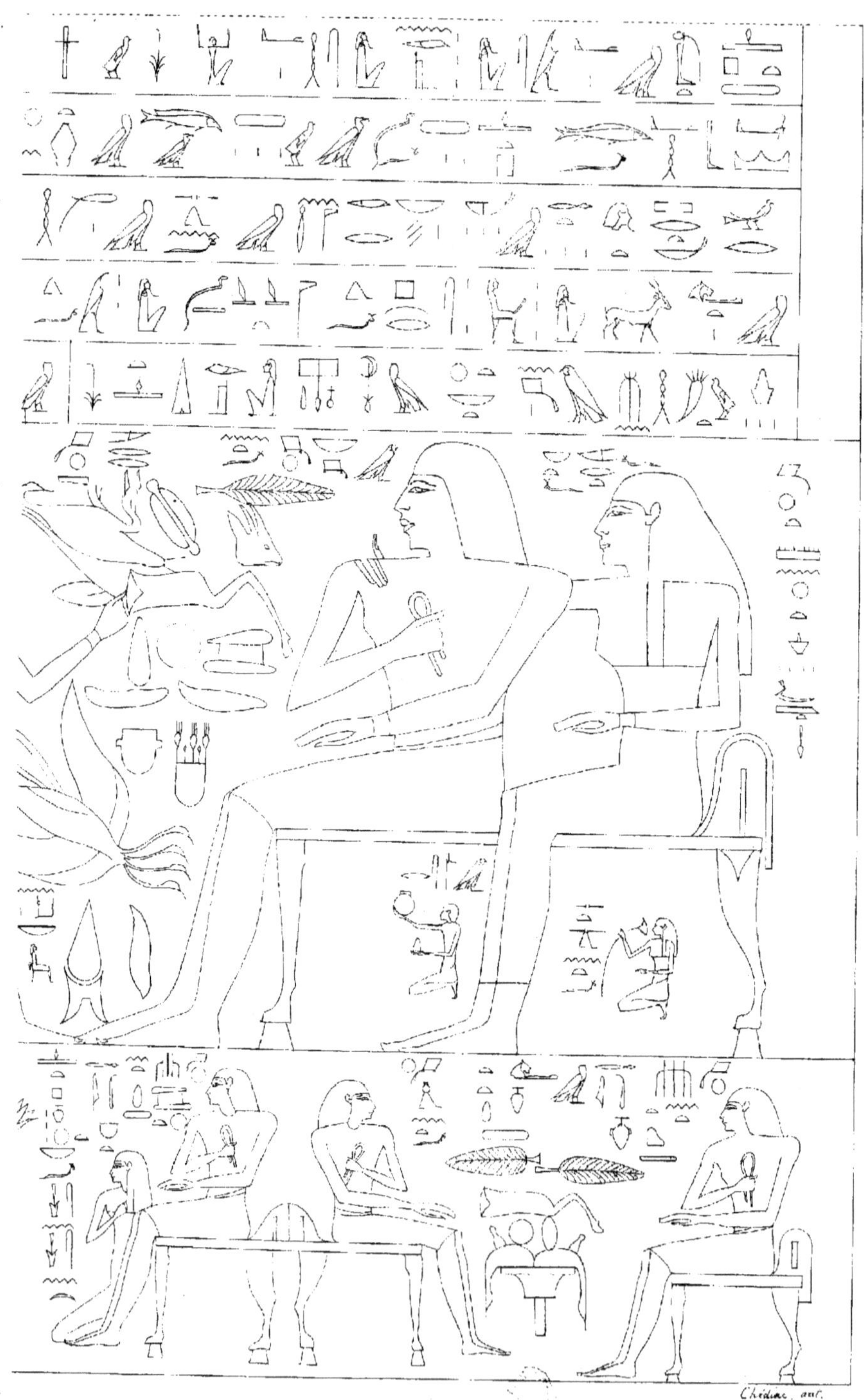

Chédiac, anf.

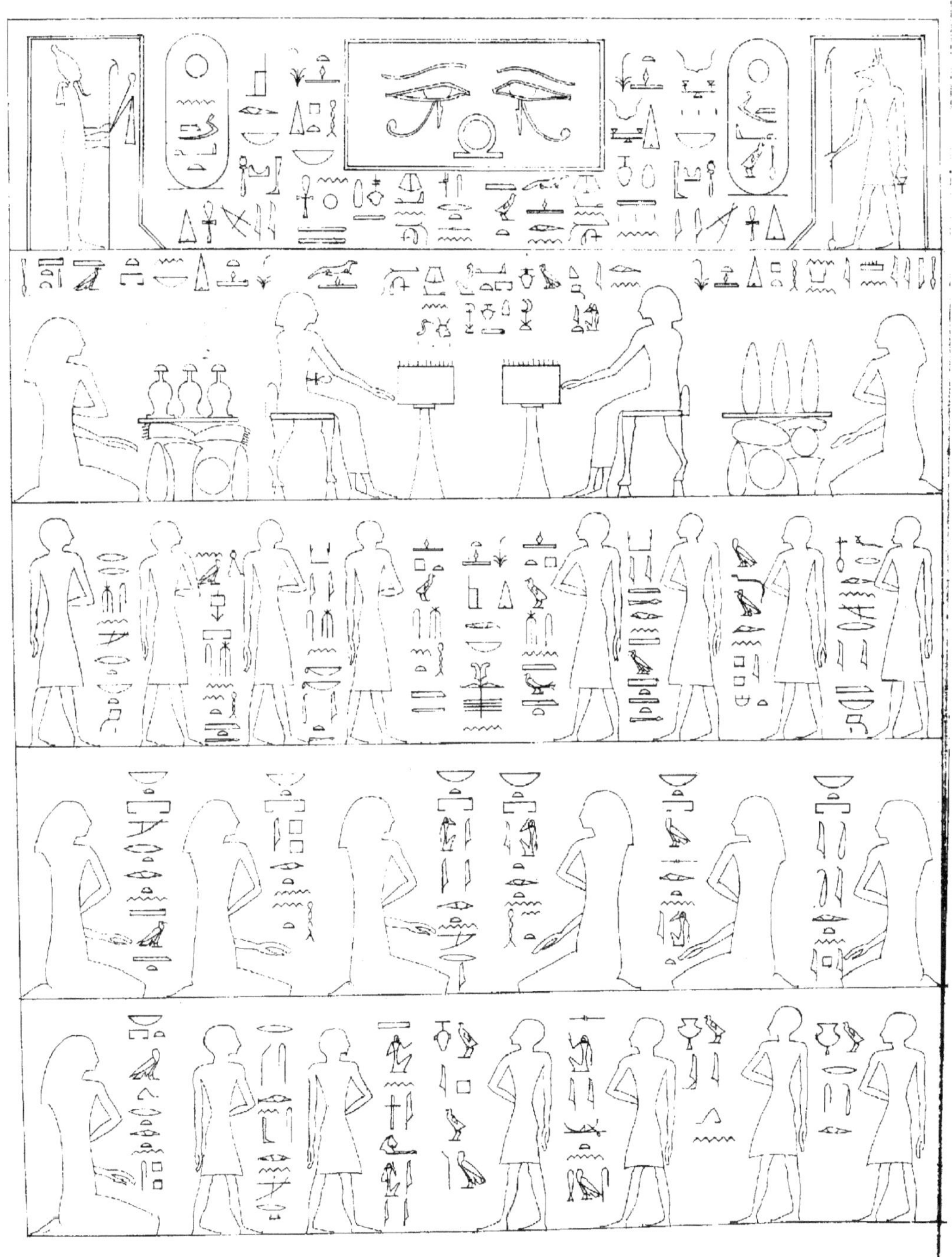

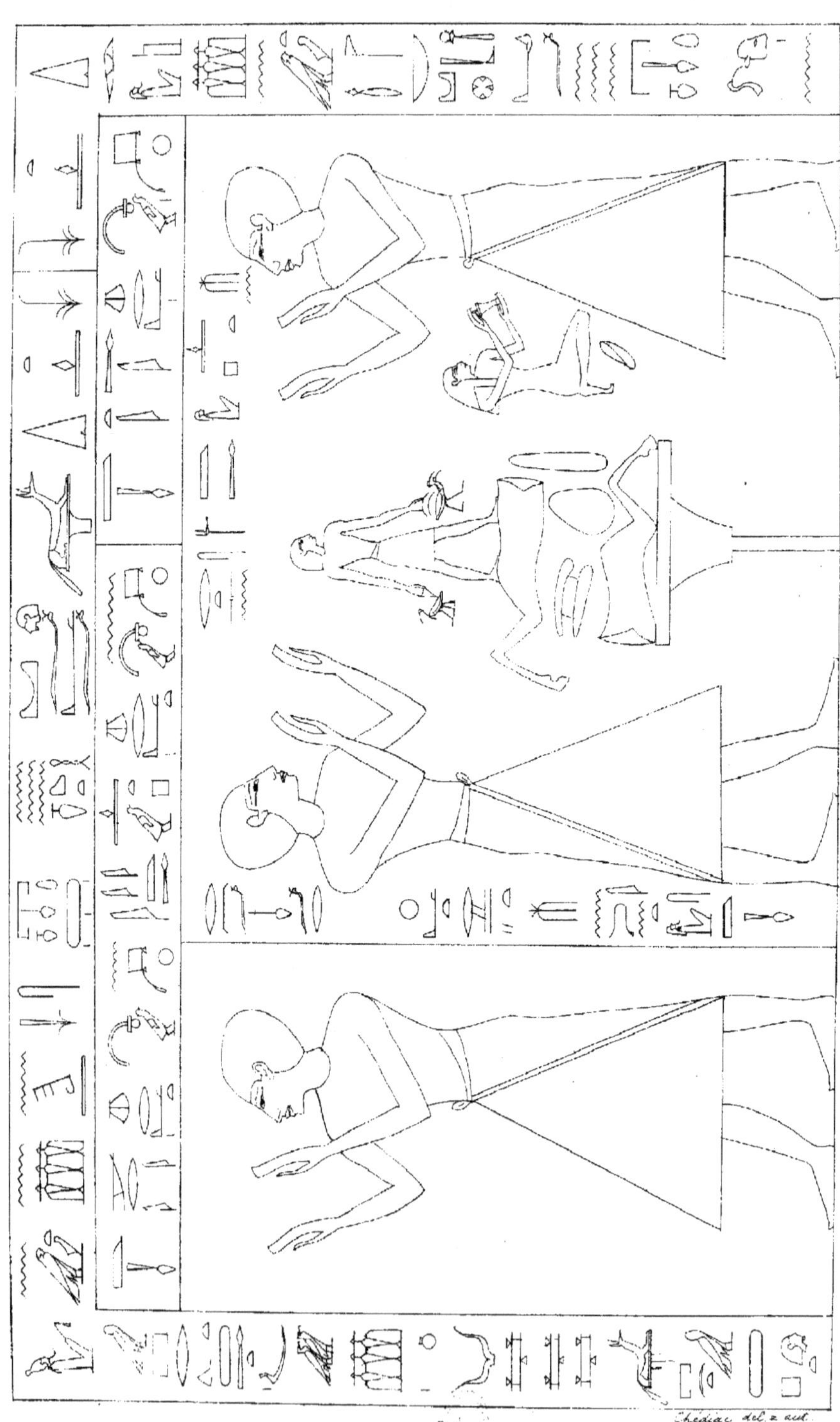

Chédiac del. z ad.

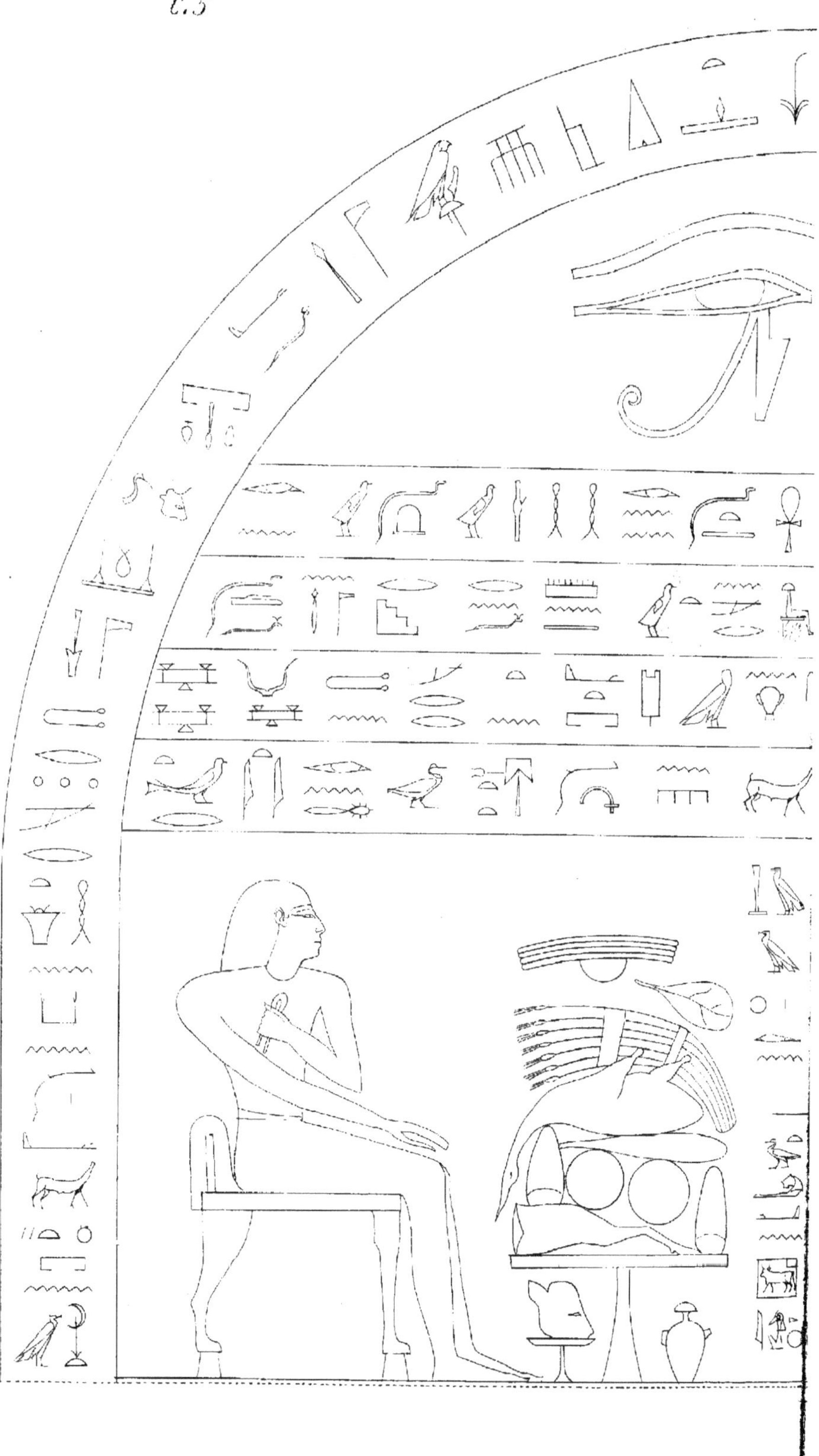

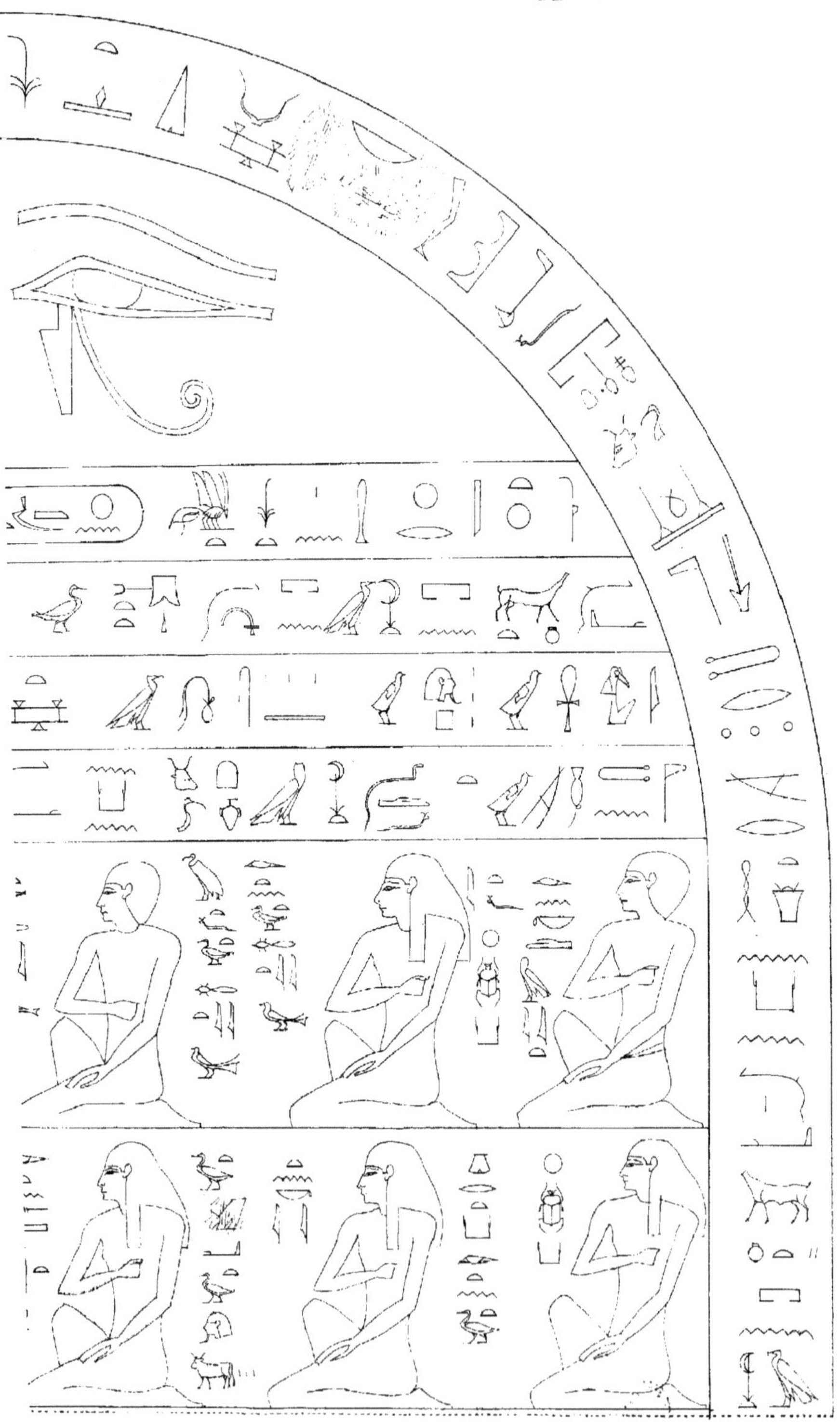

C.5

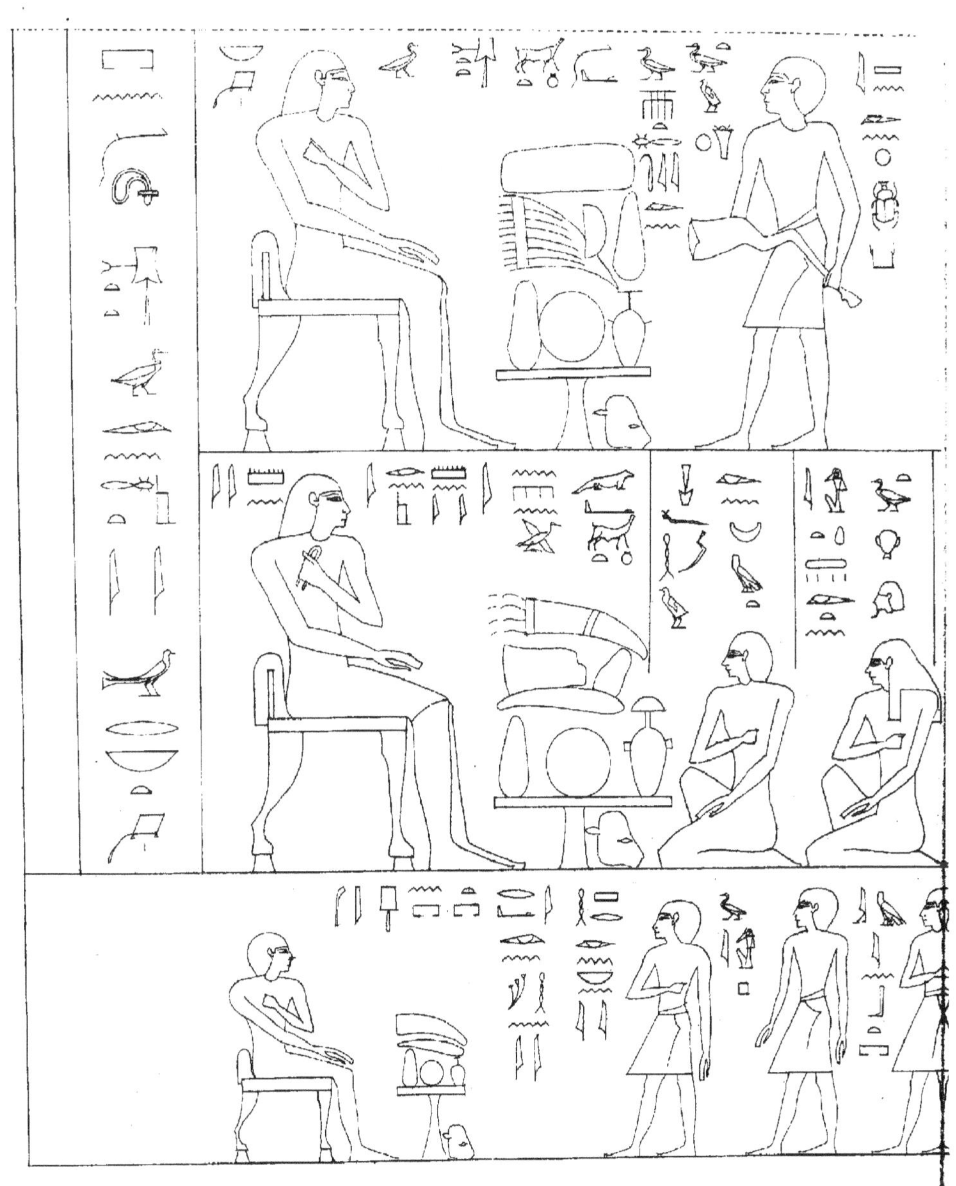

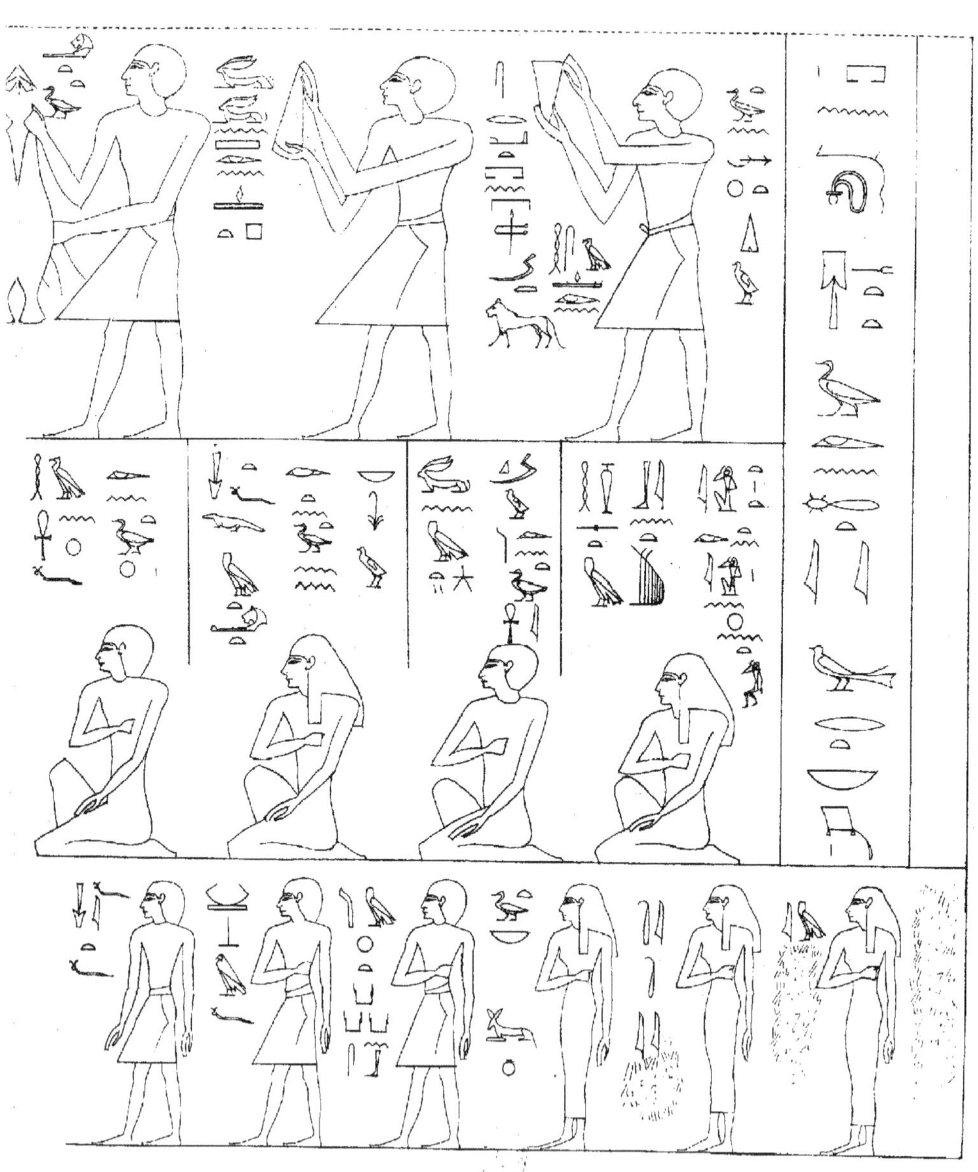

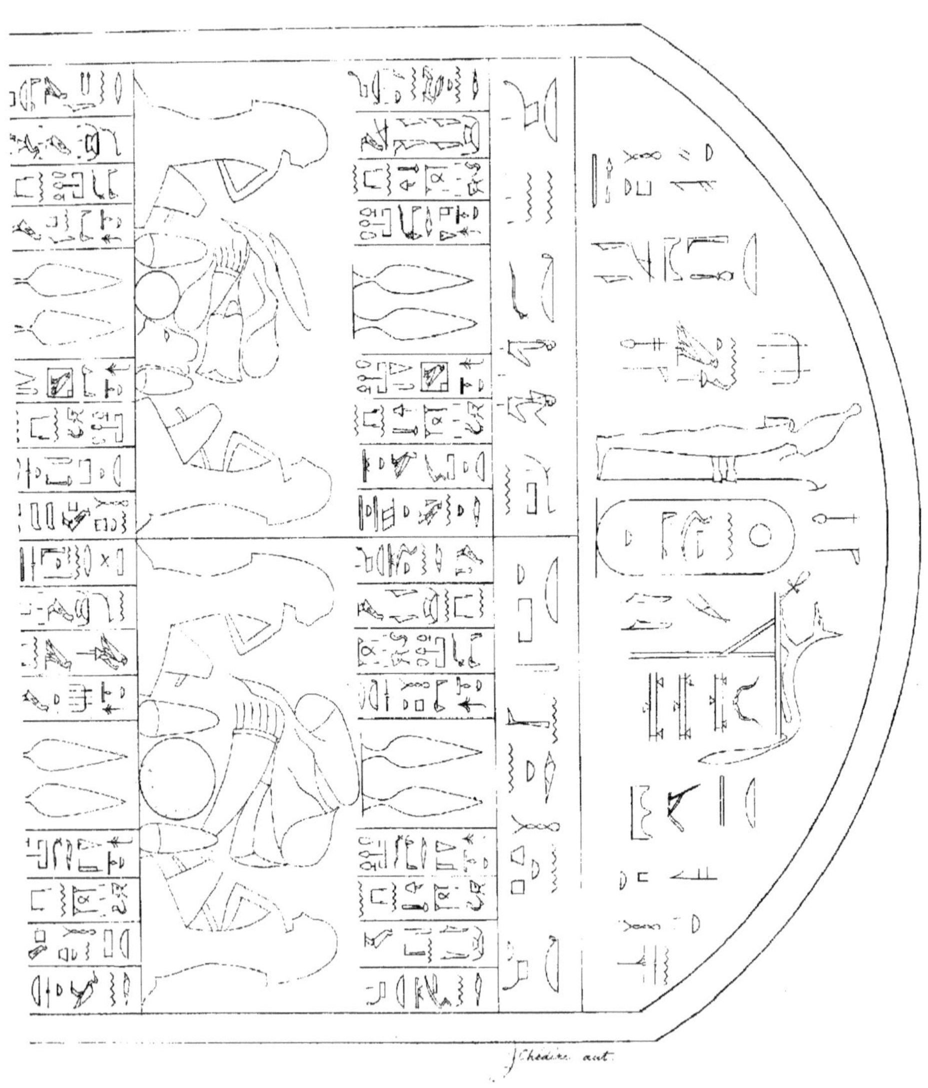

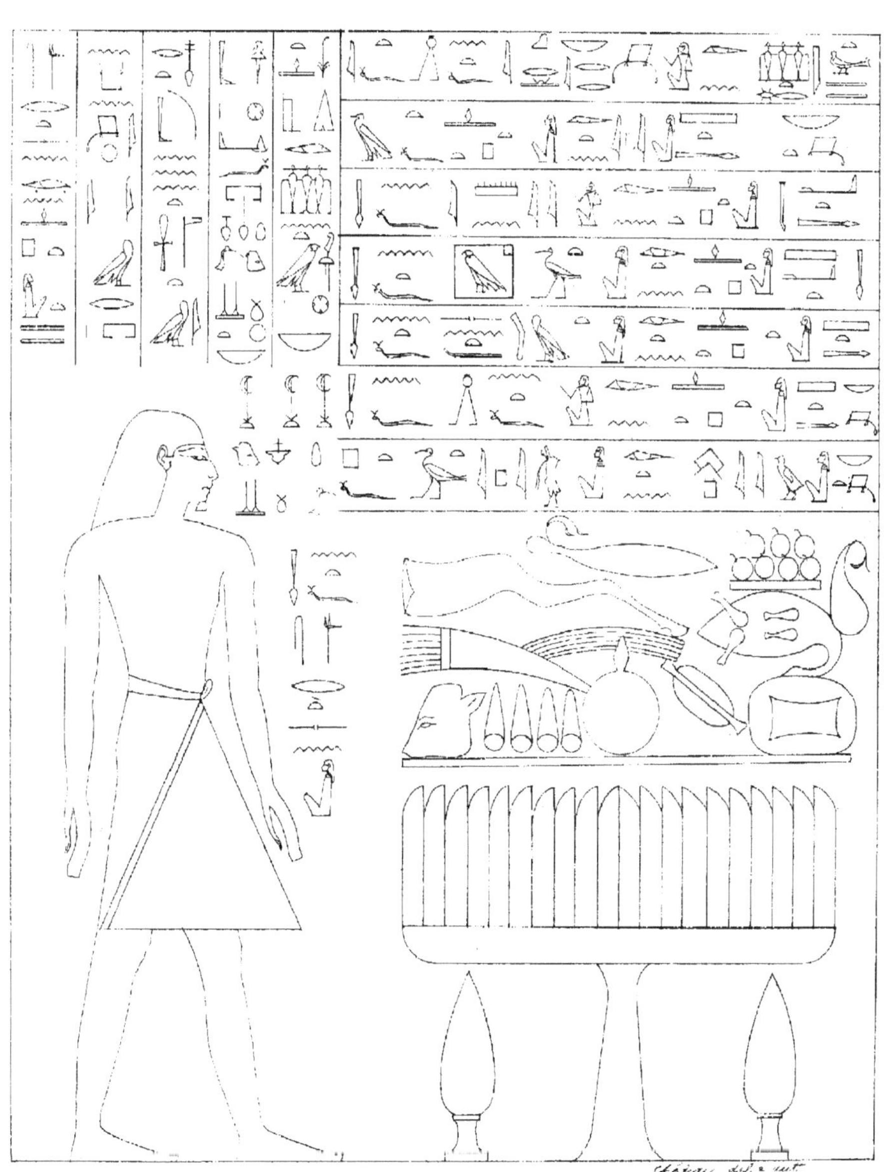

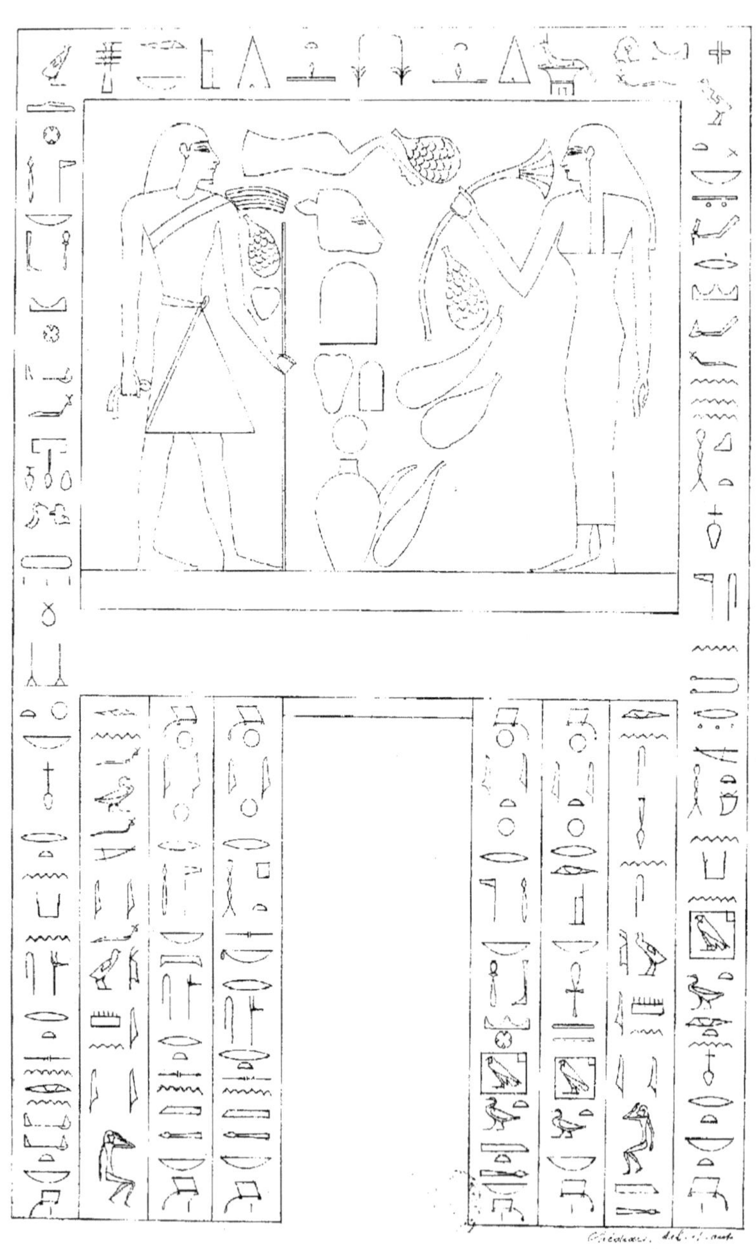

C. 25

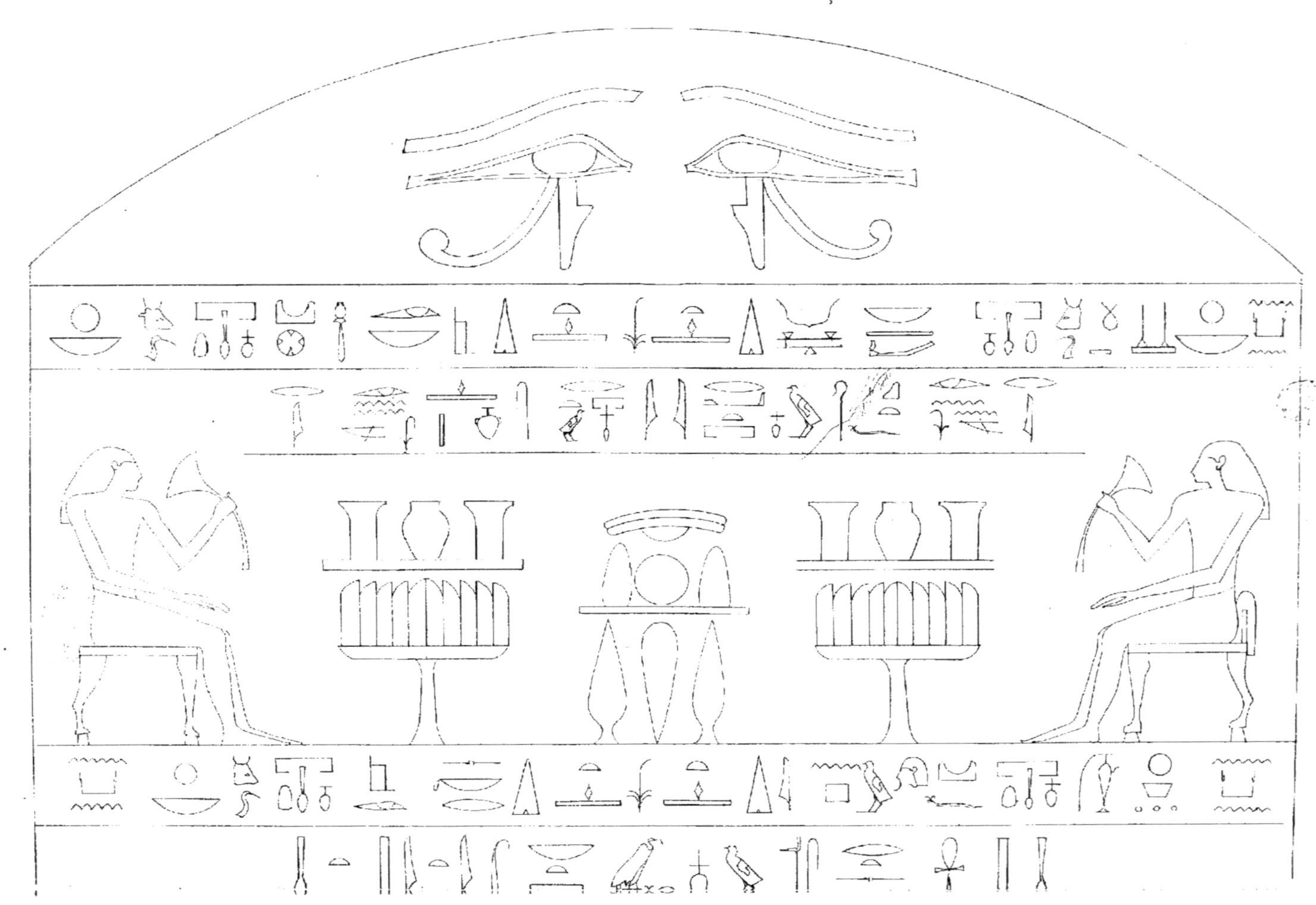

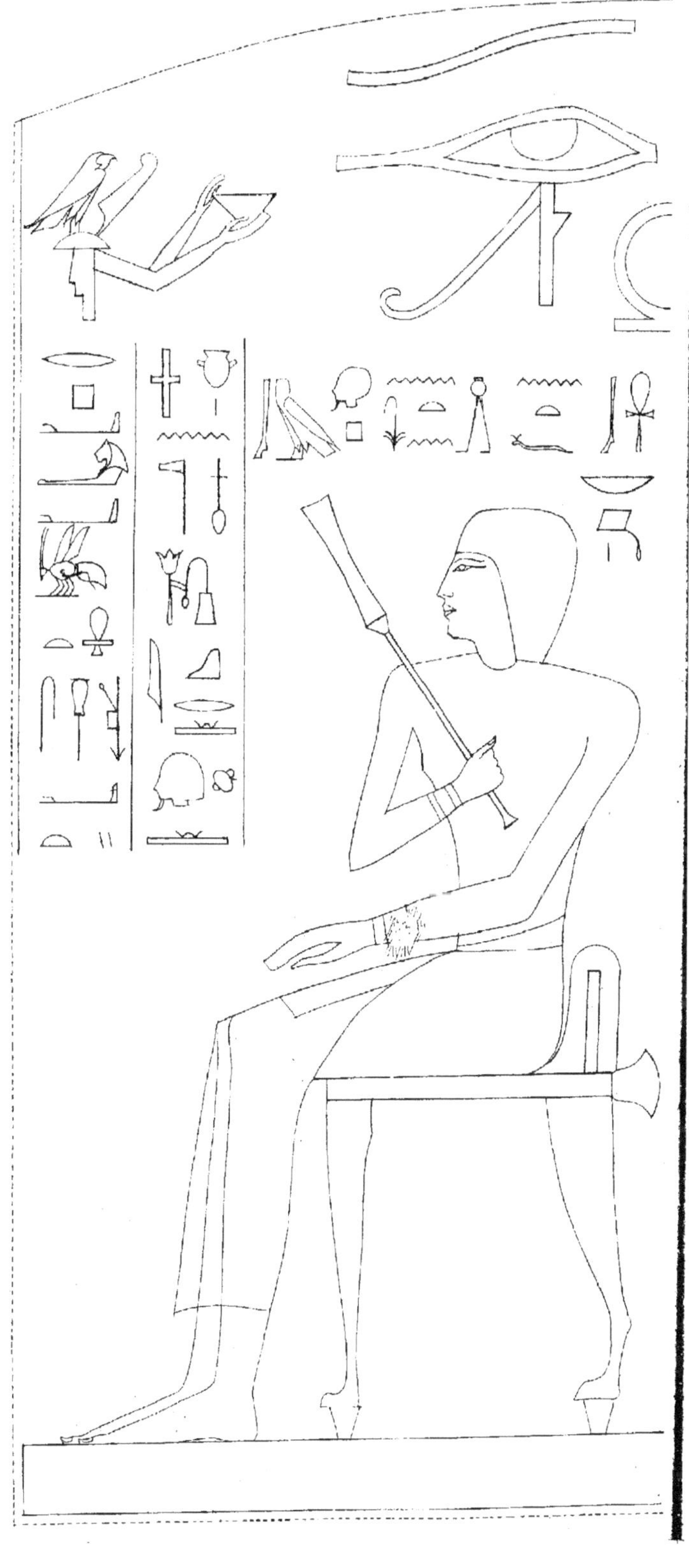

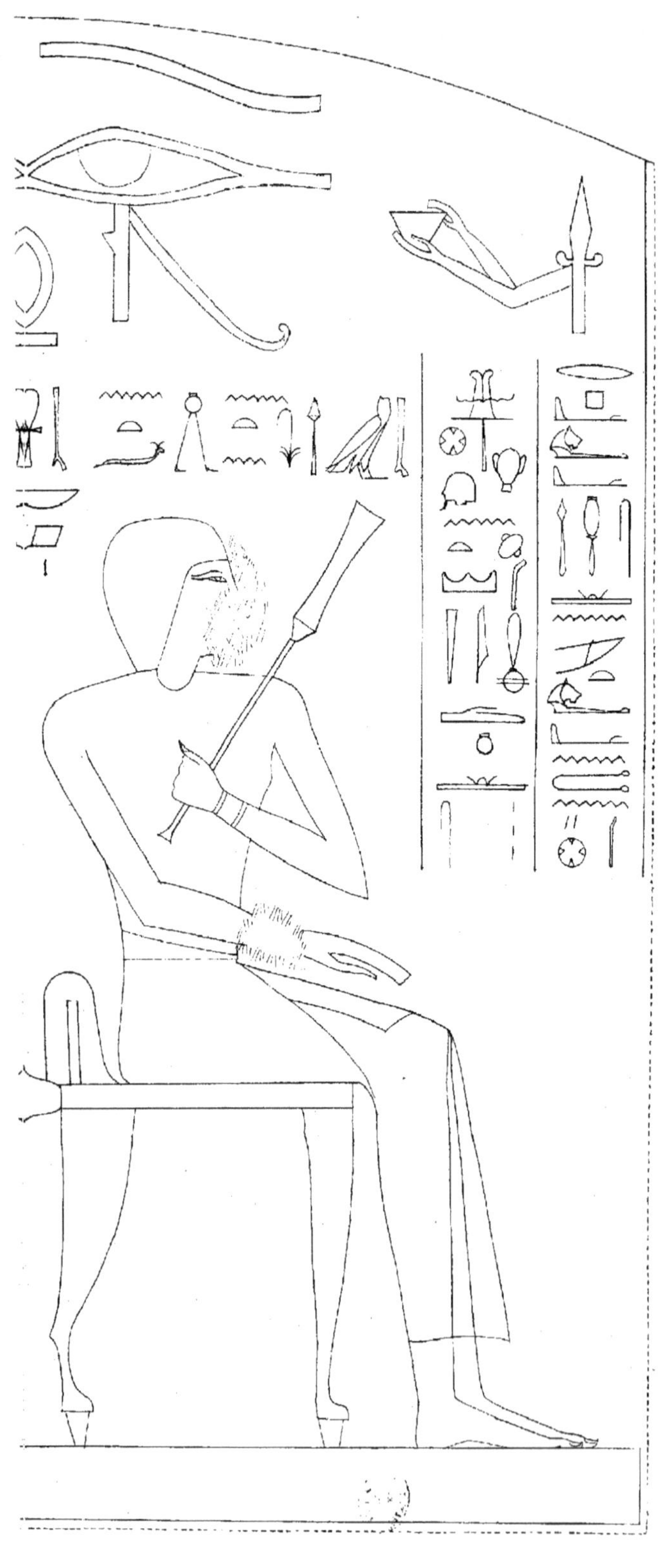

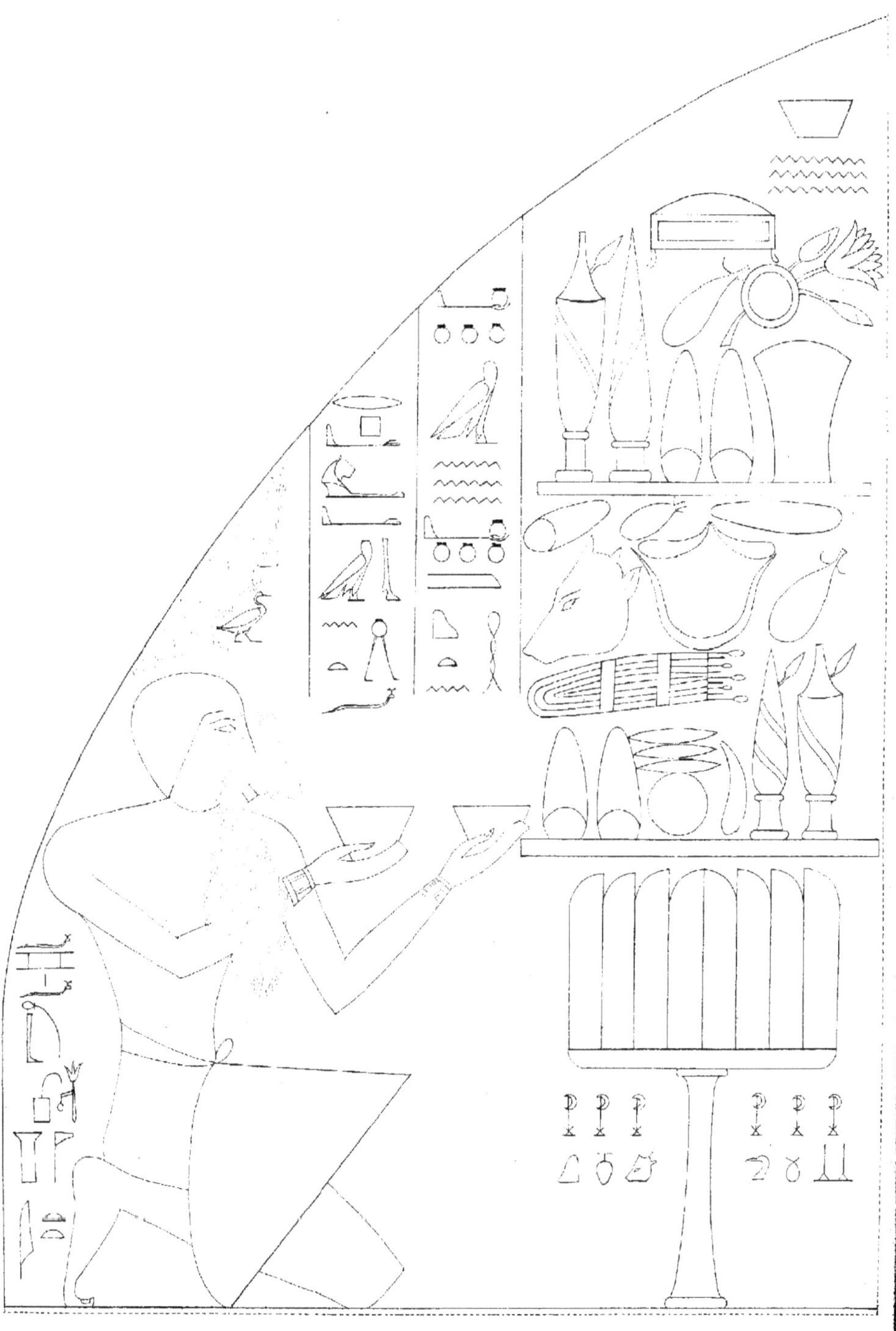

C.26

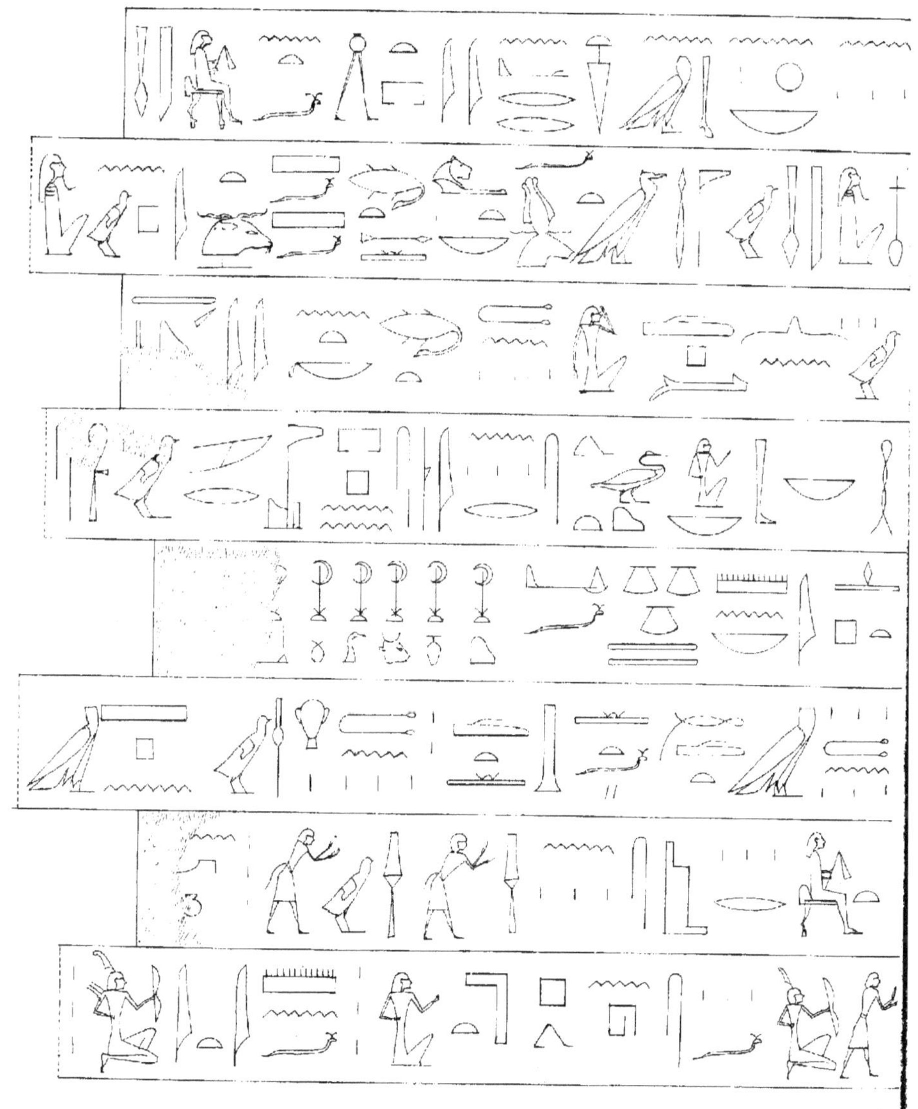

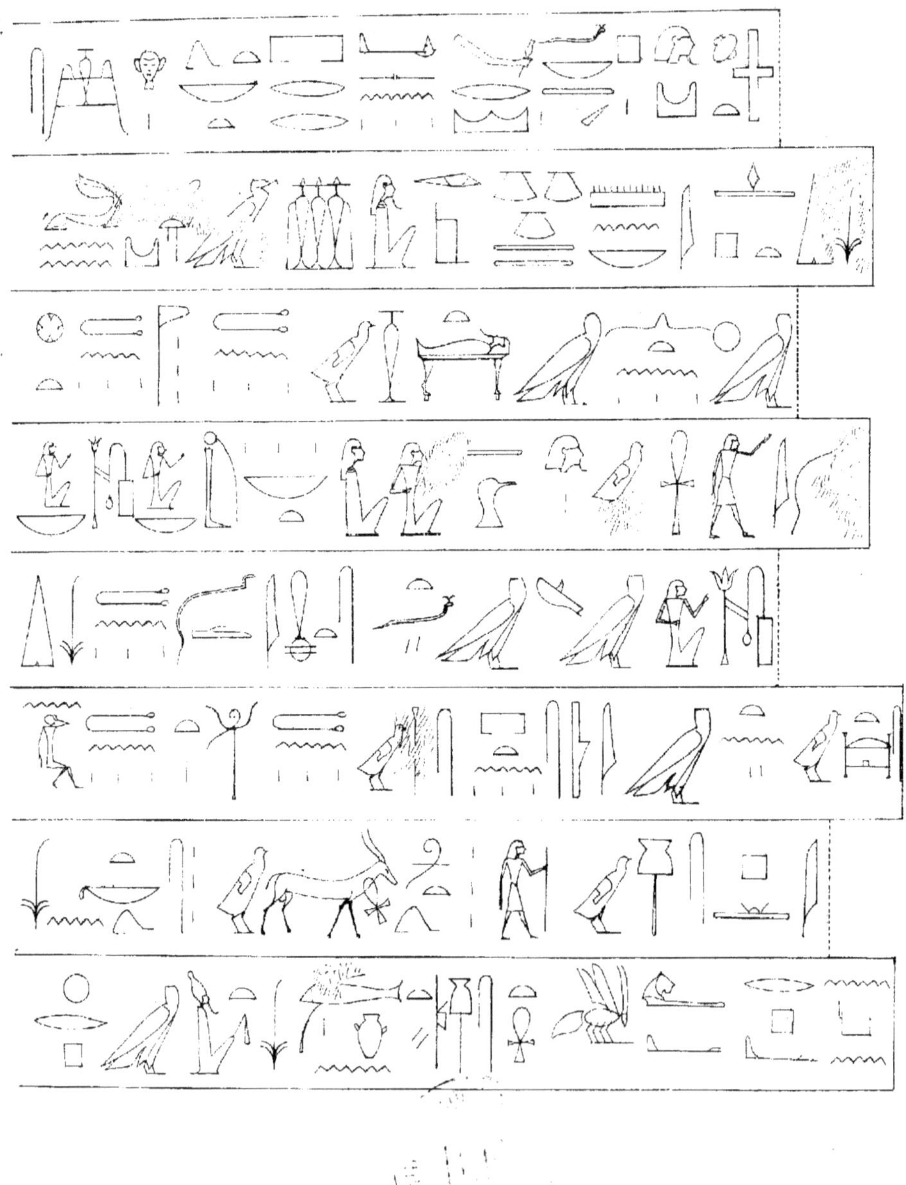

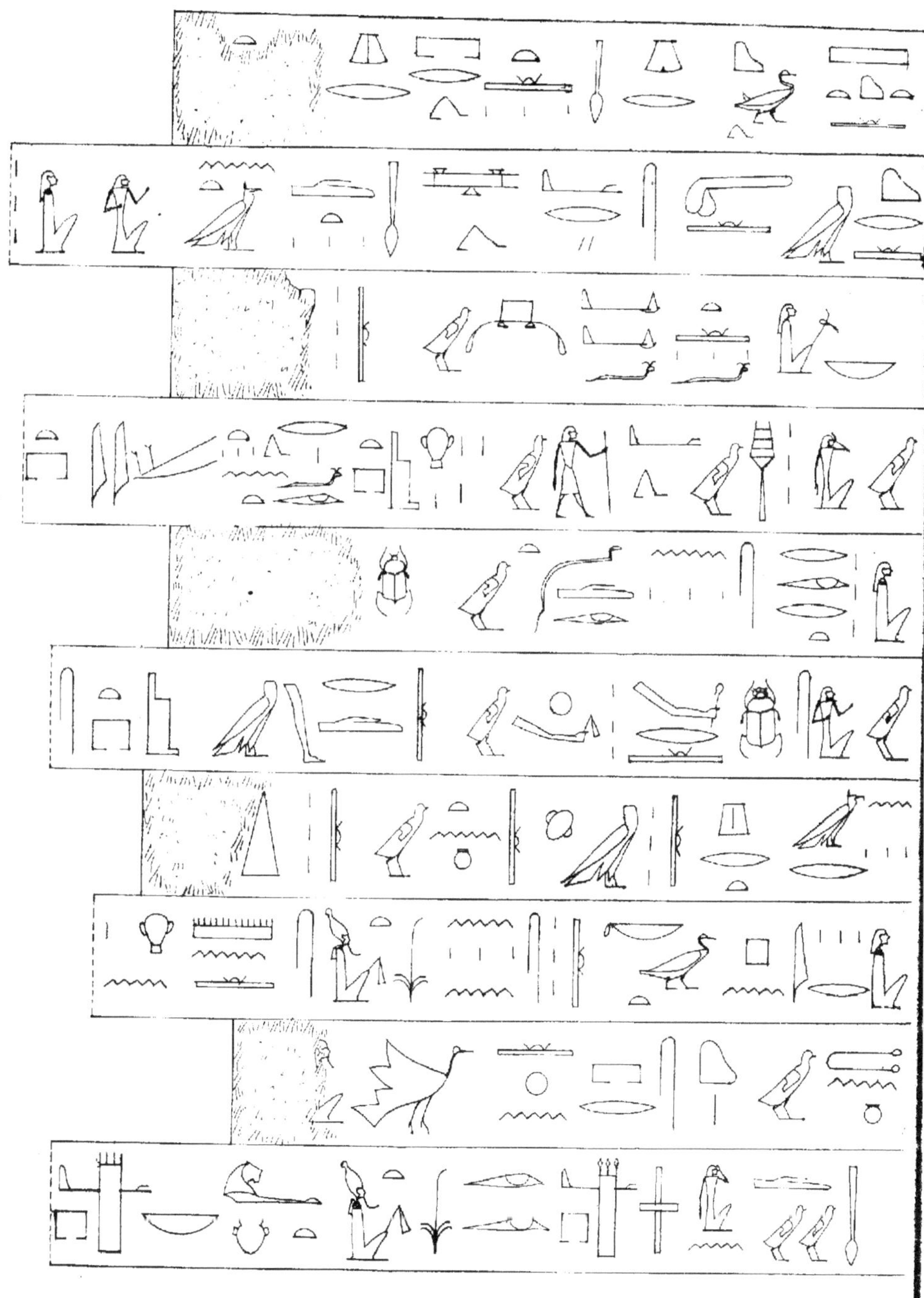

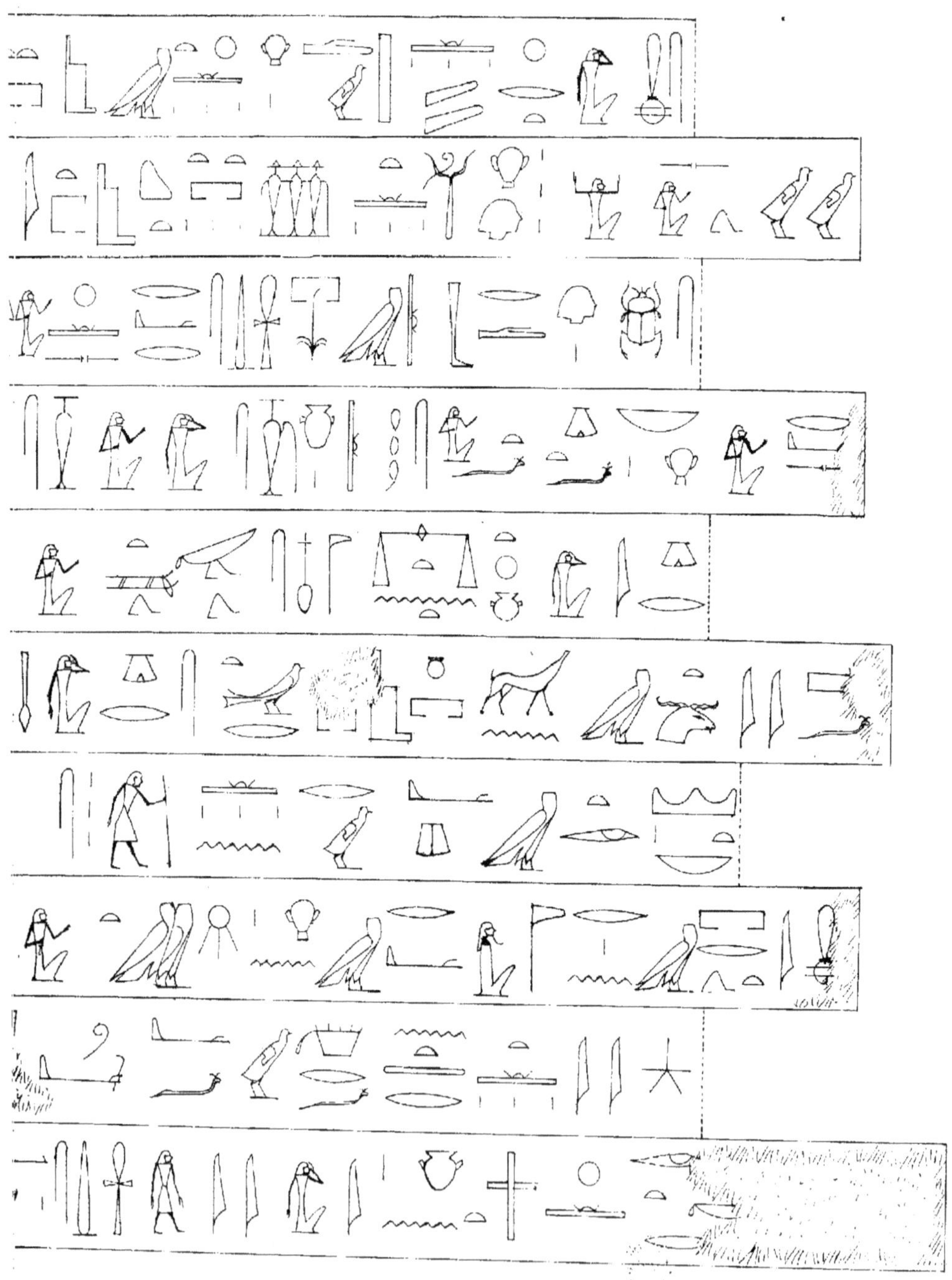

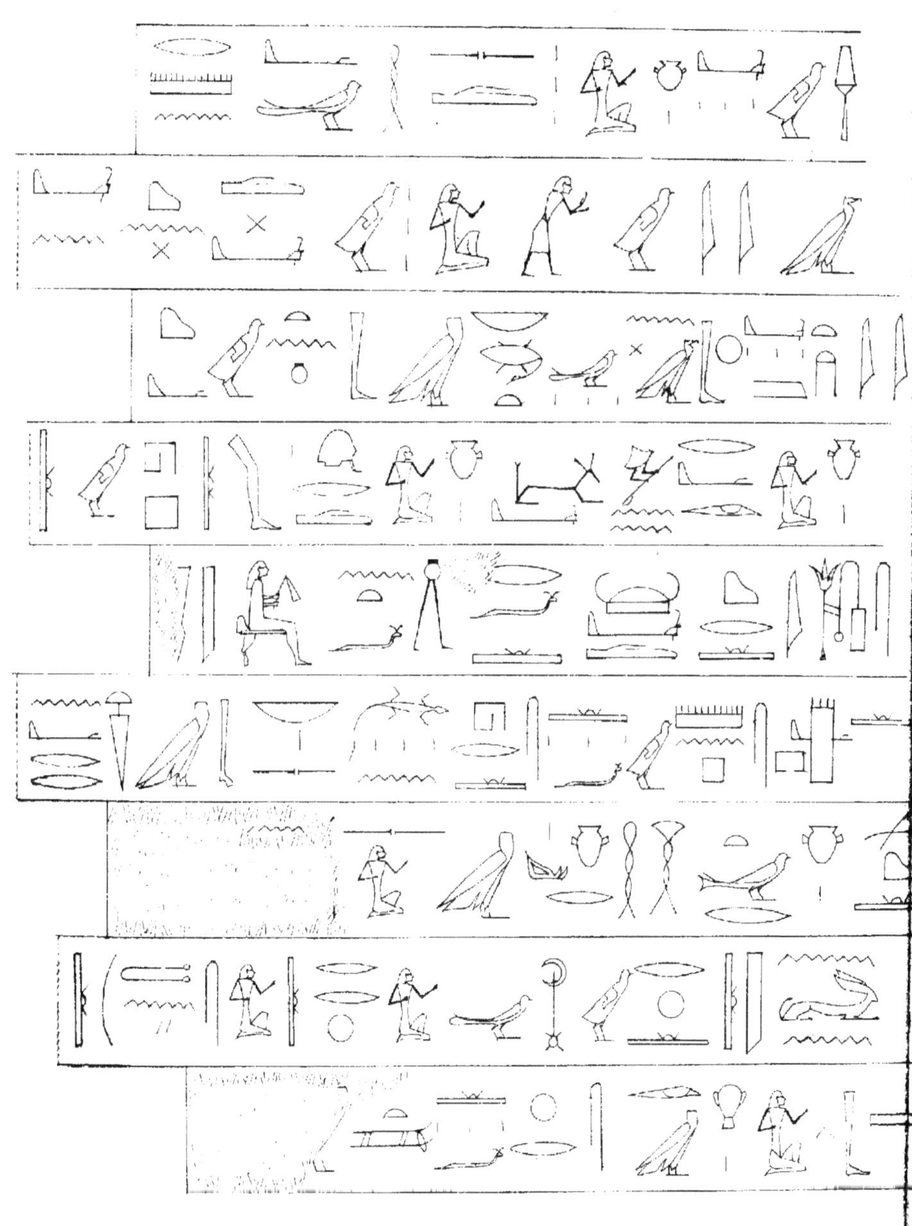

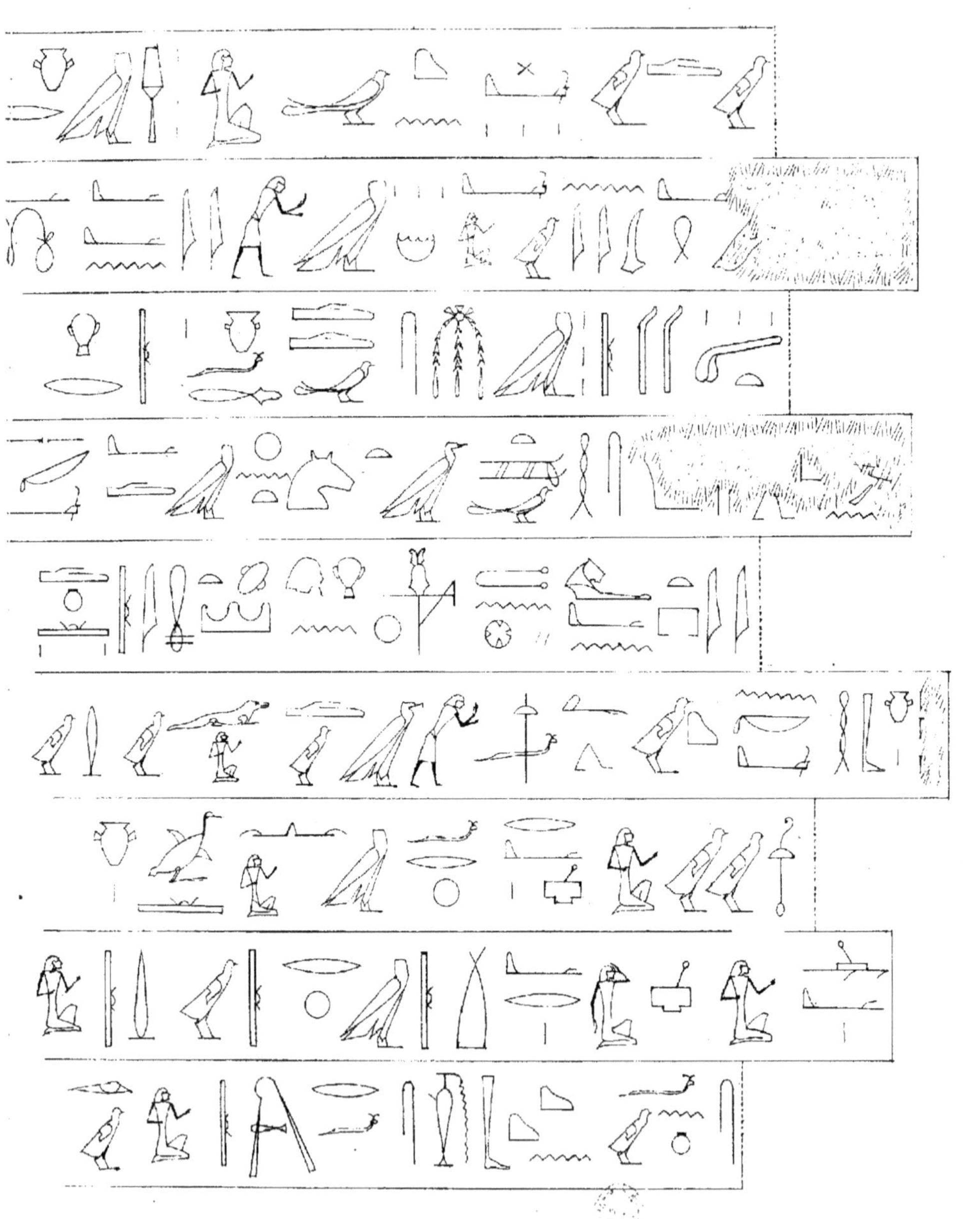

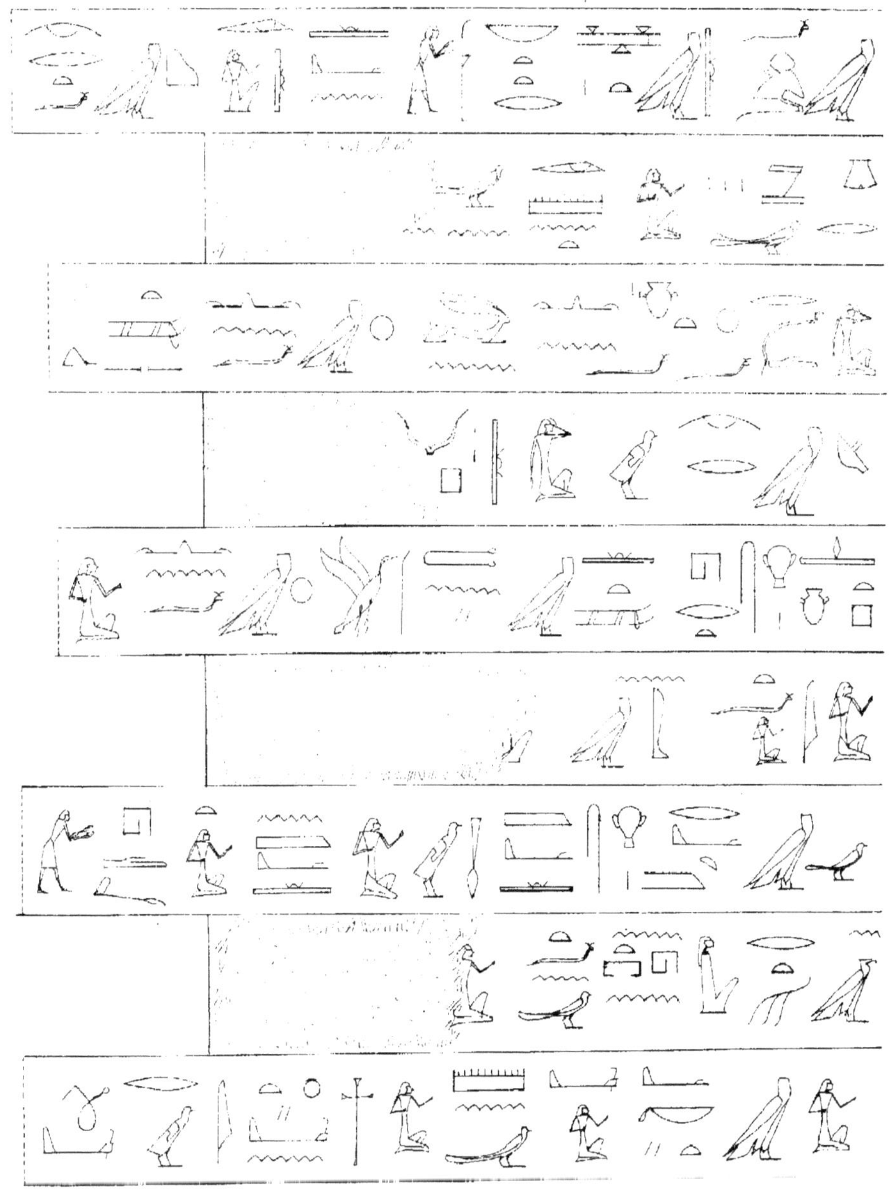

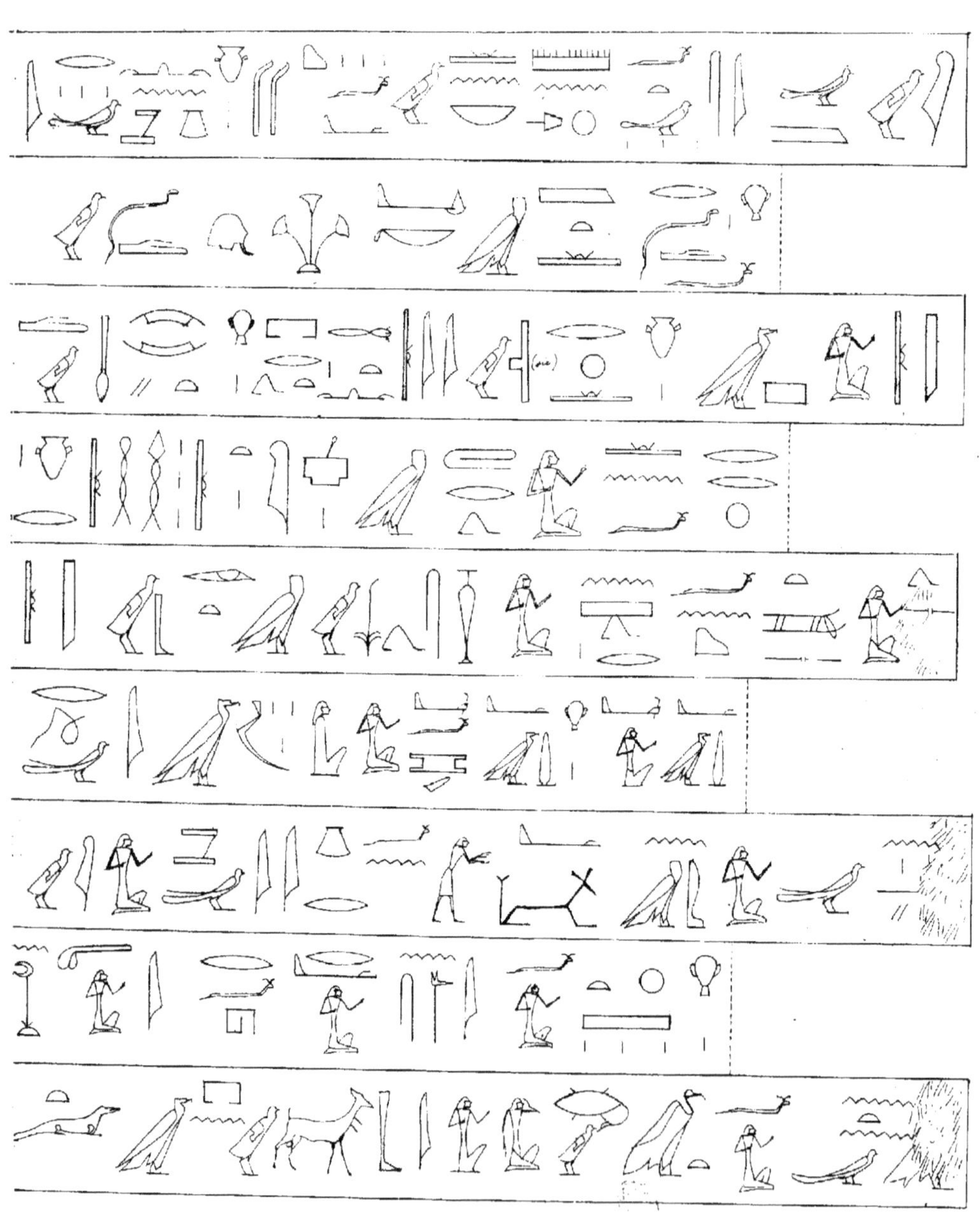

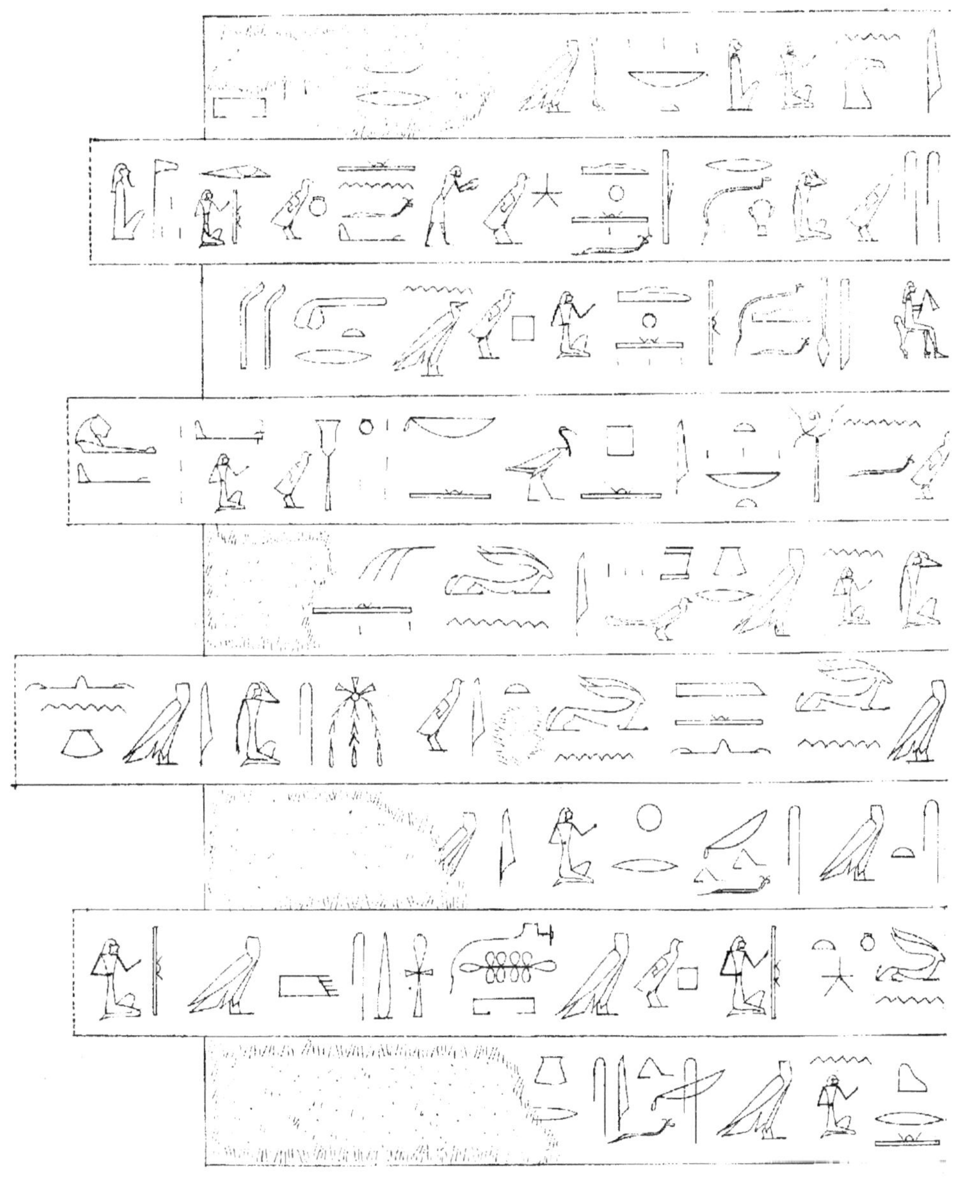

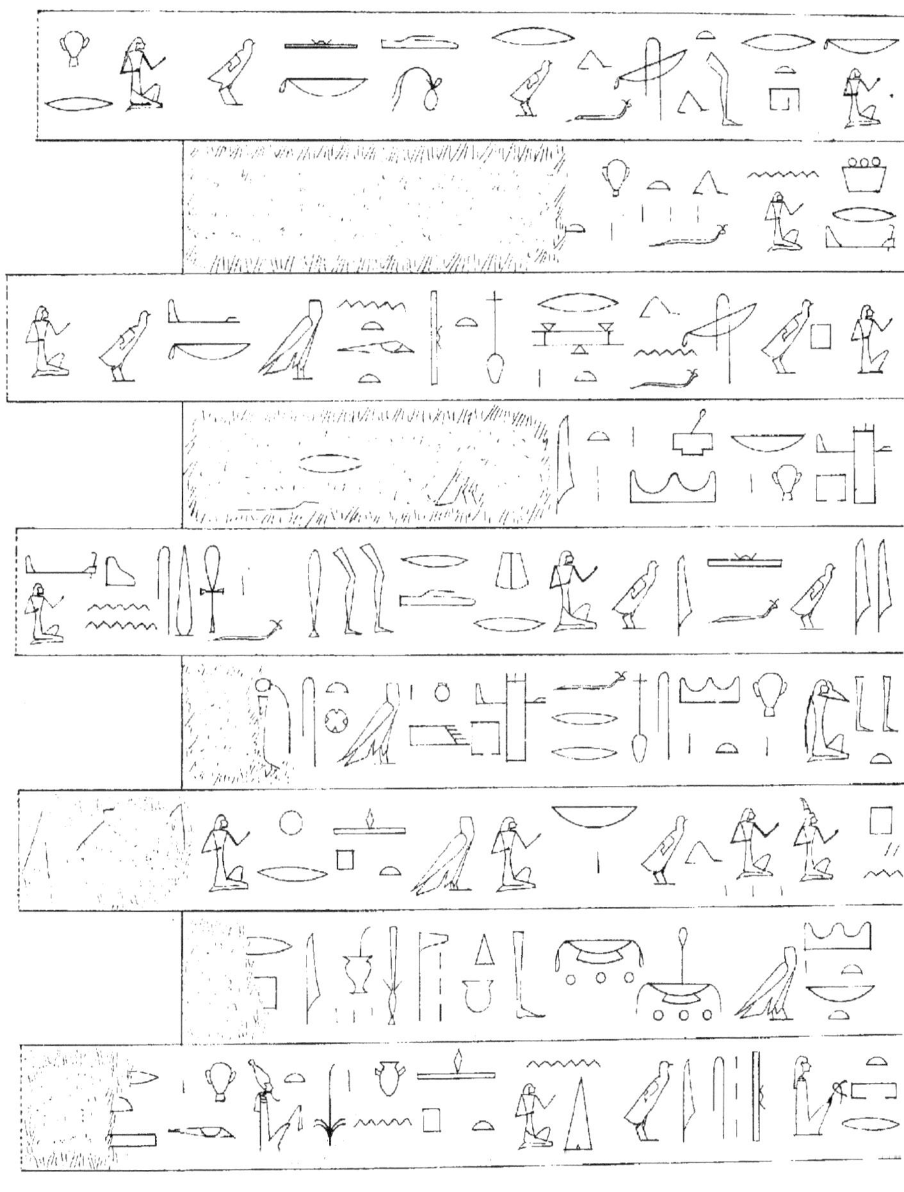

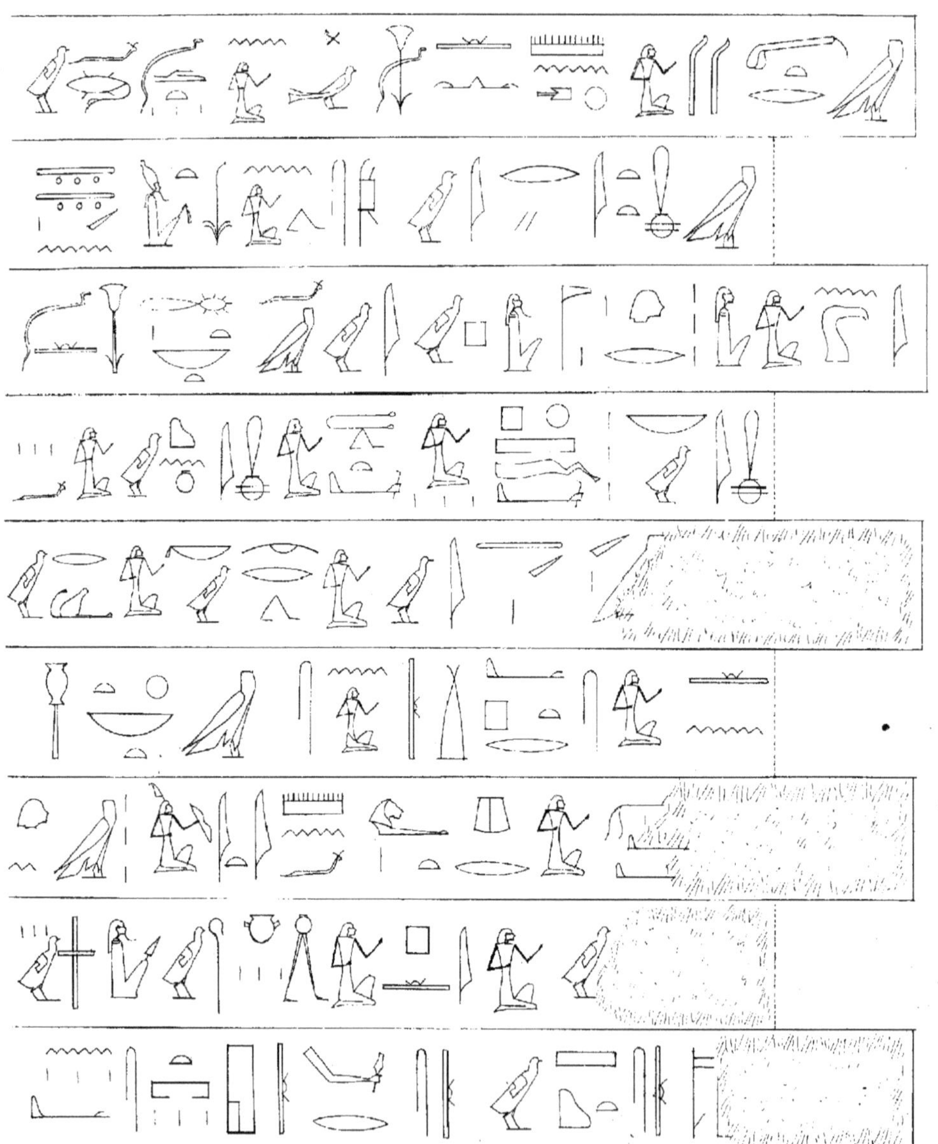

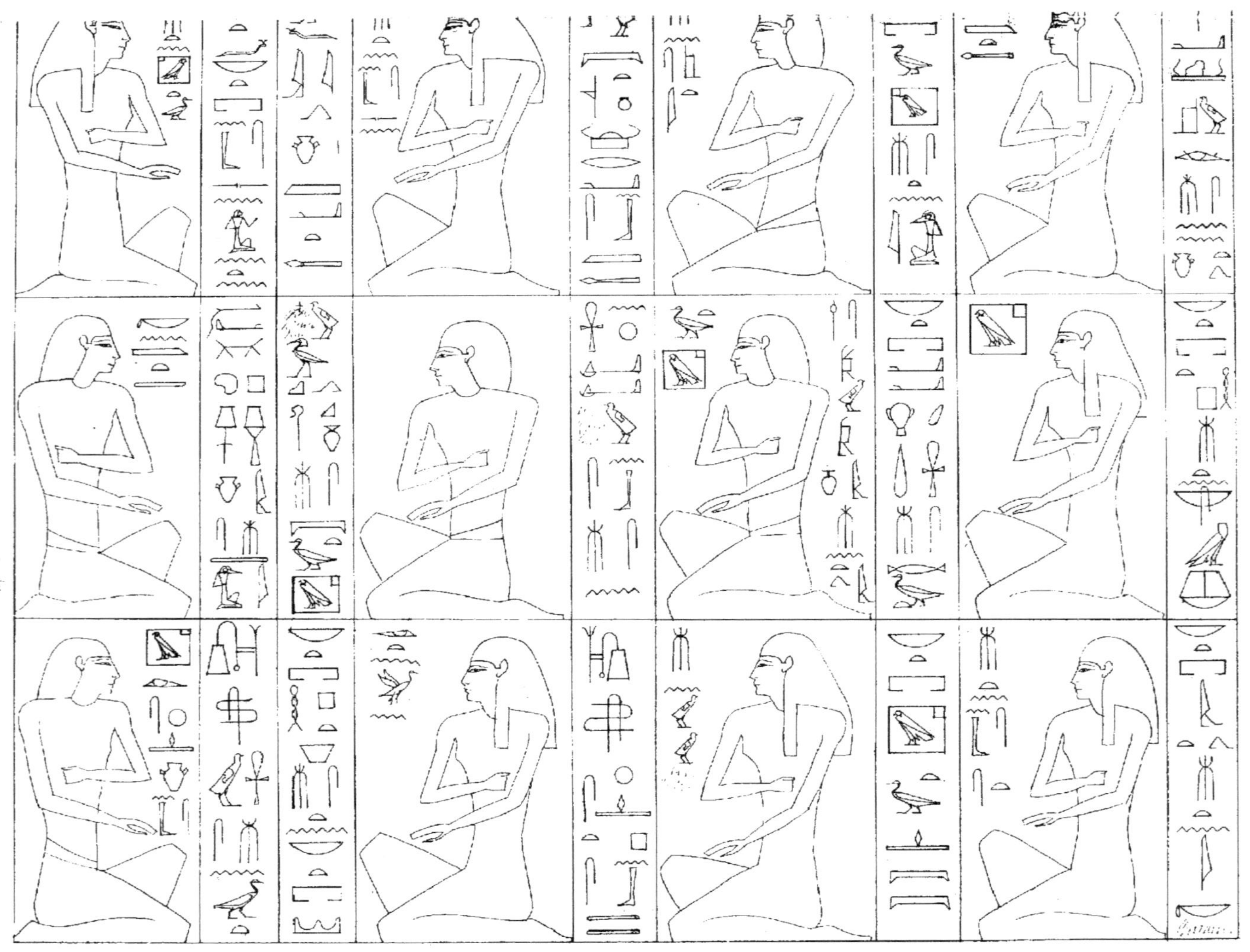

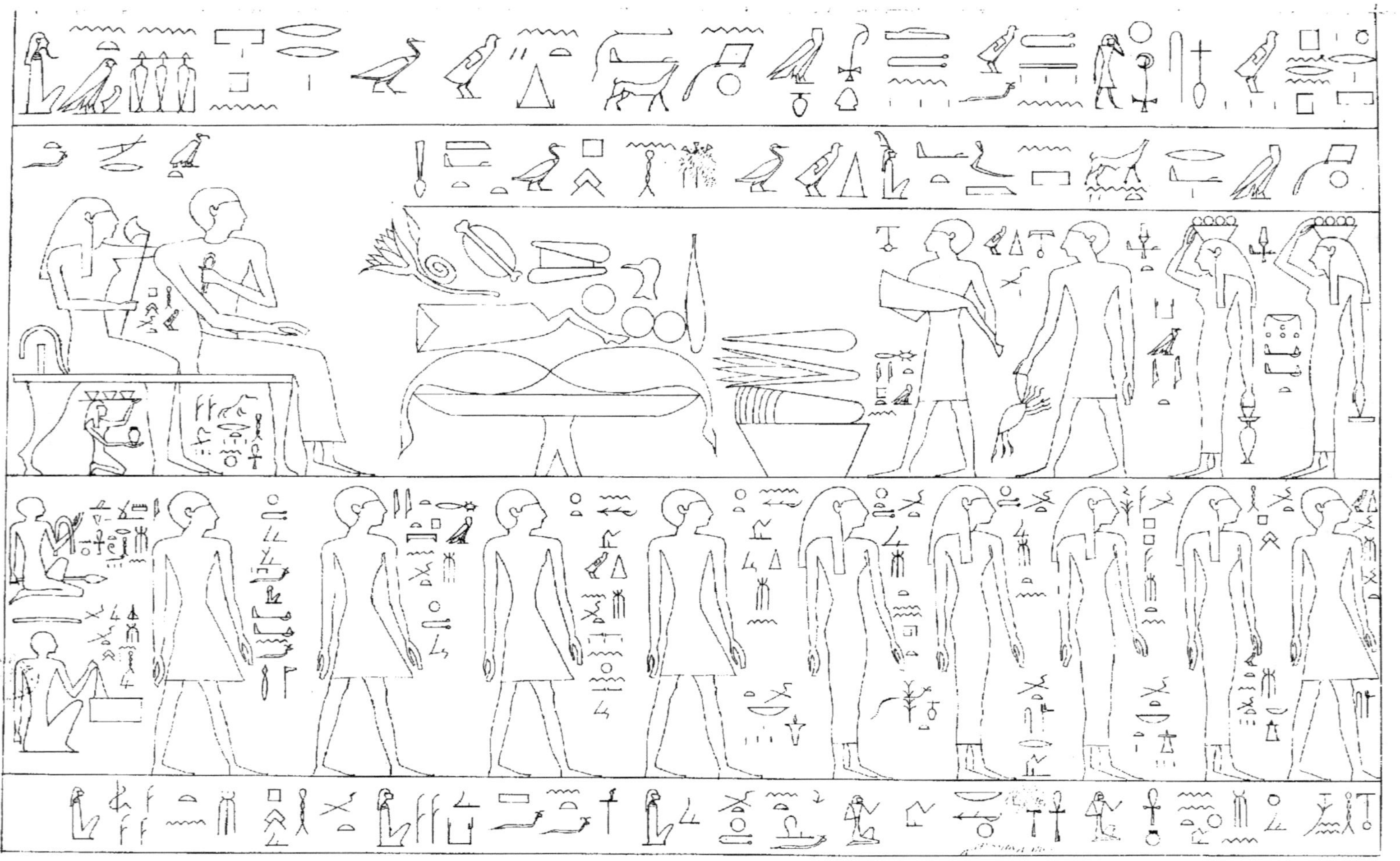

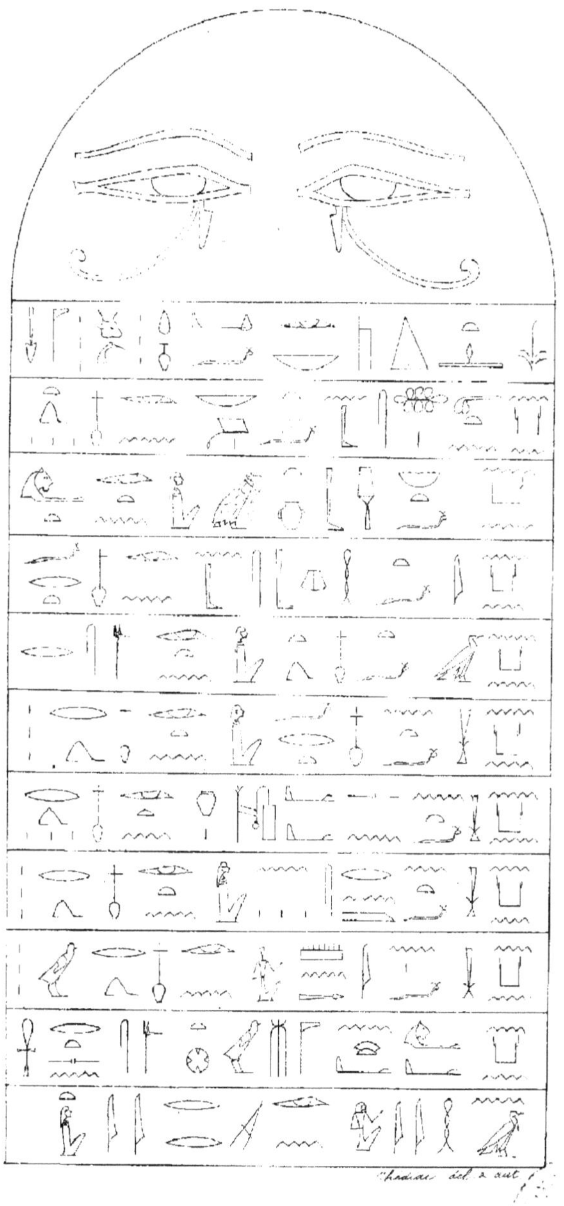
Thédénat del. z aut

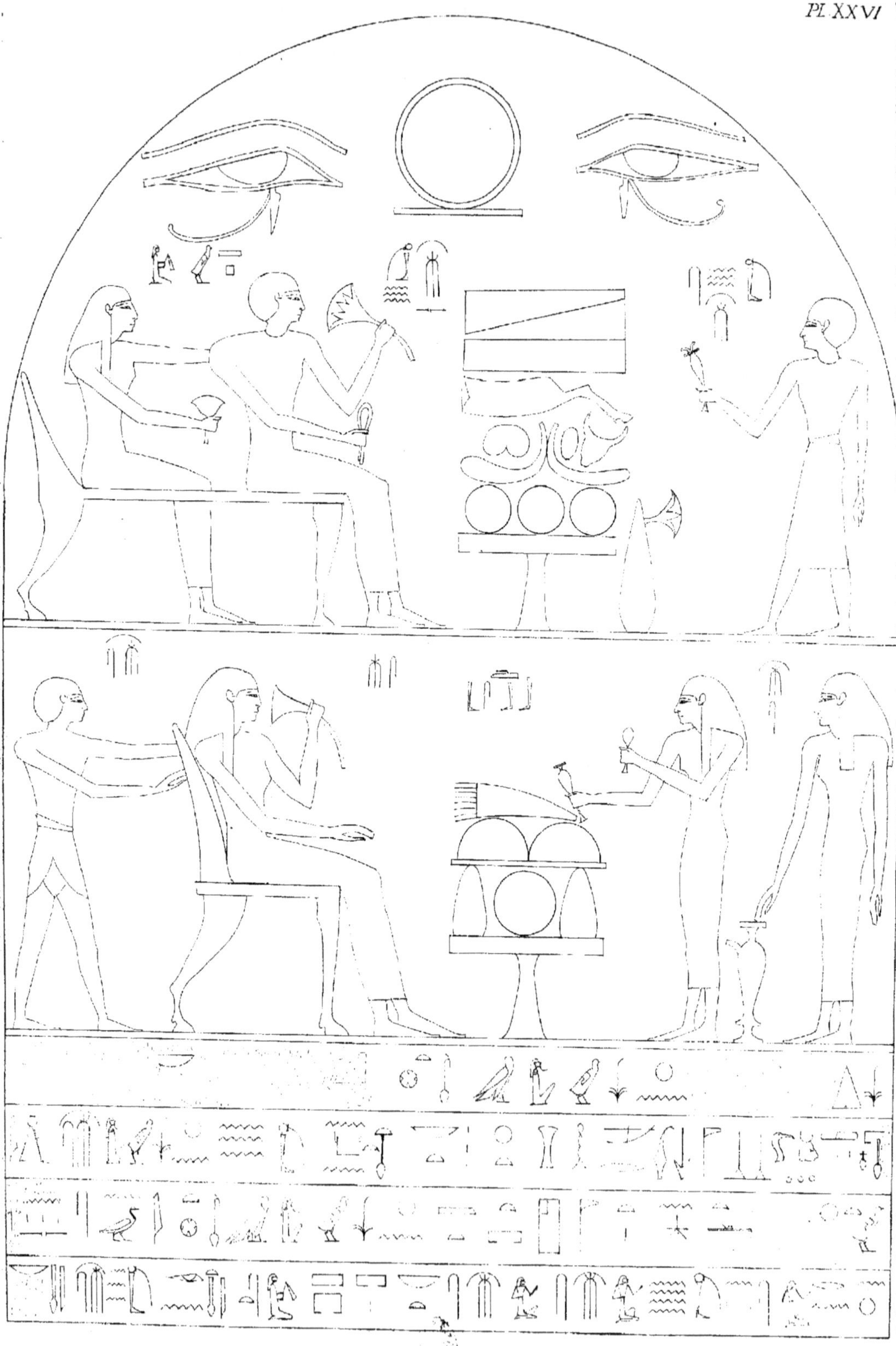

C. 138
PL. XXVI

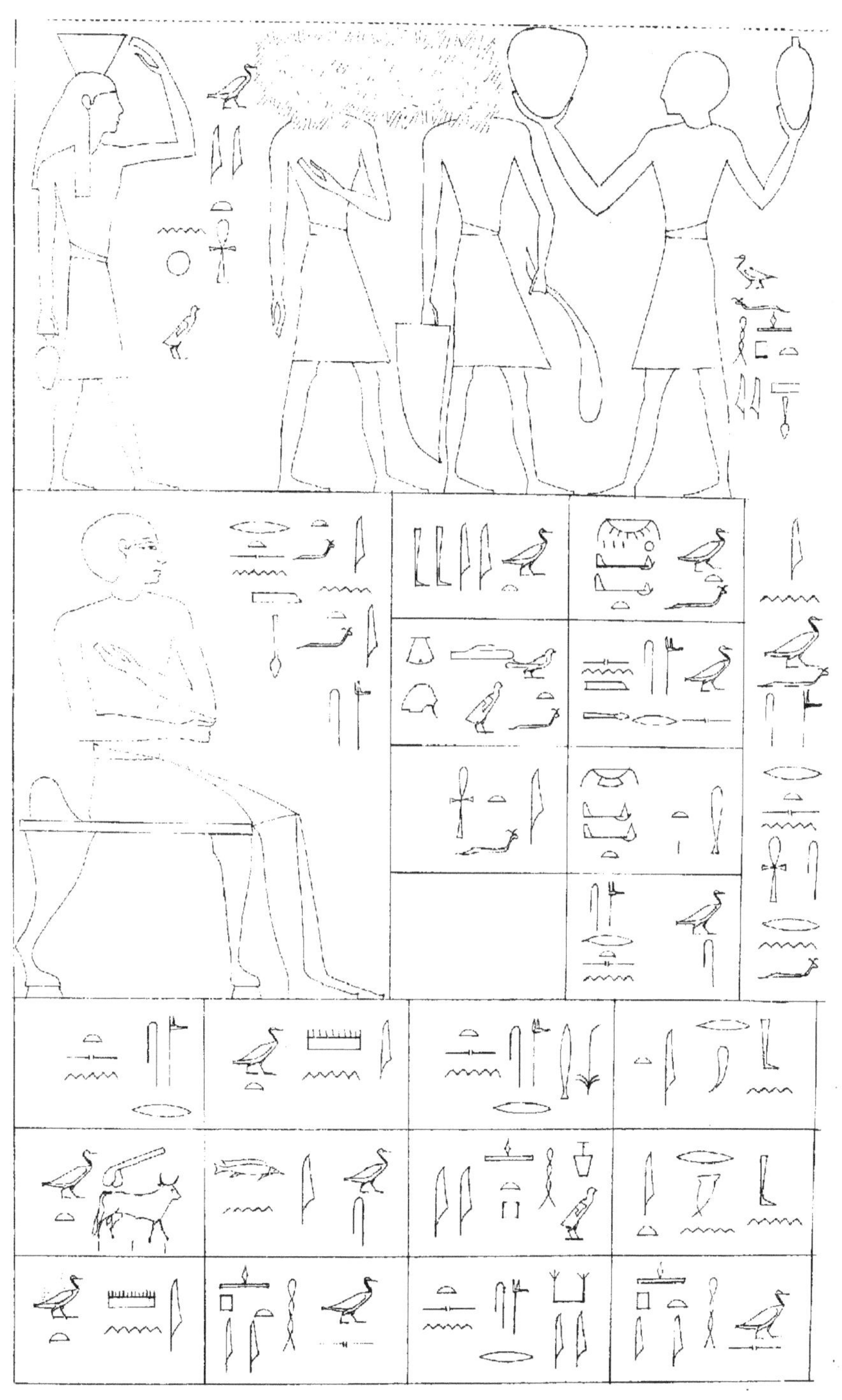

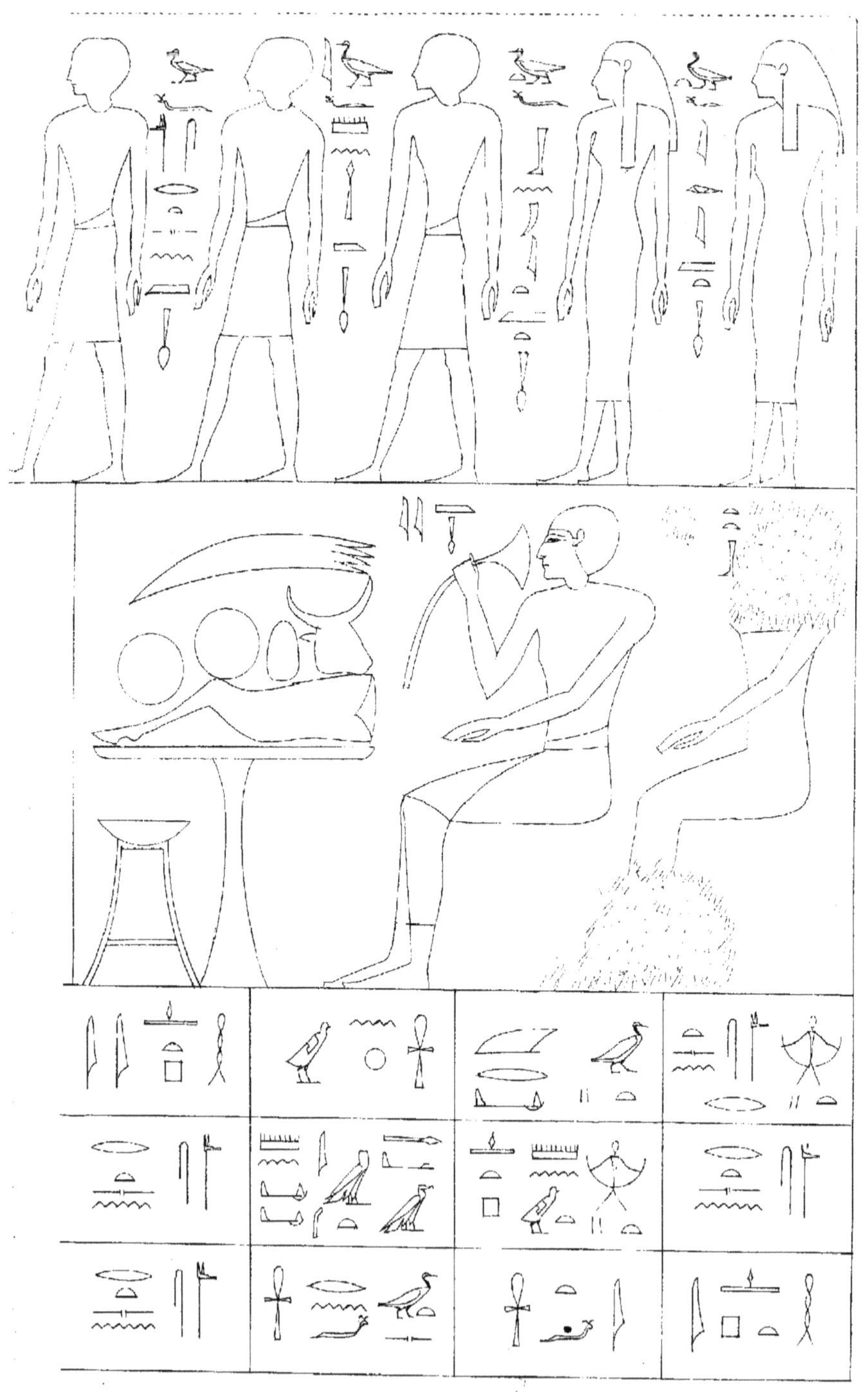

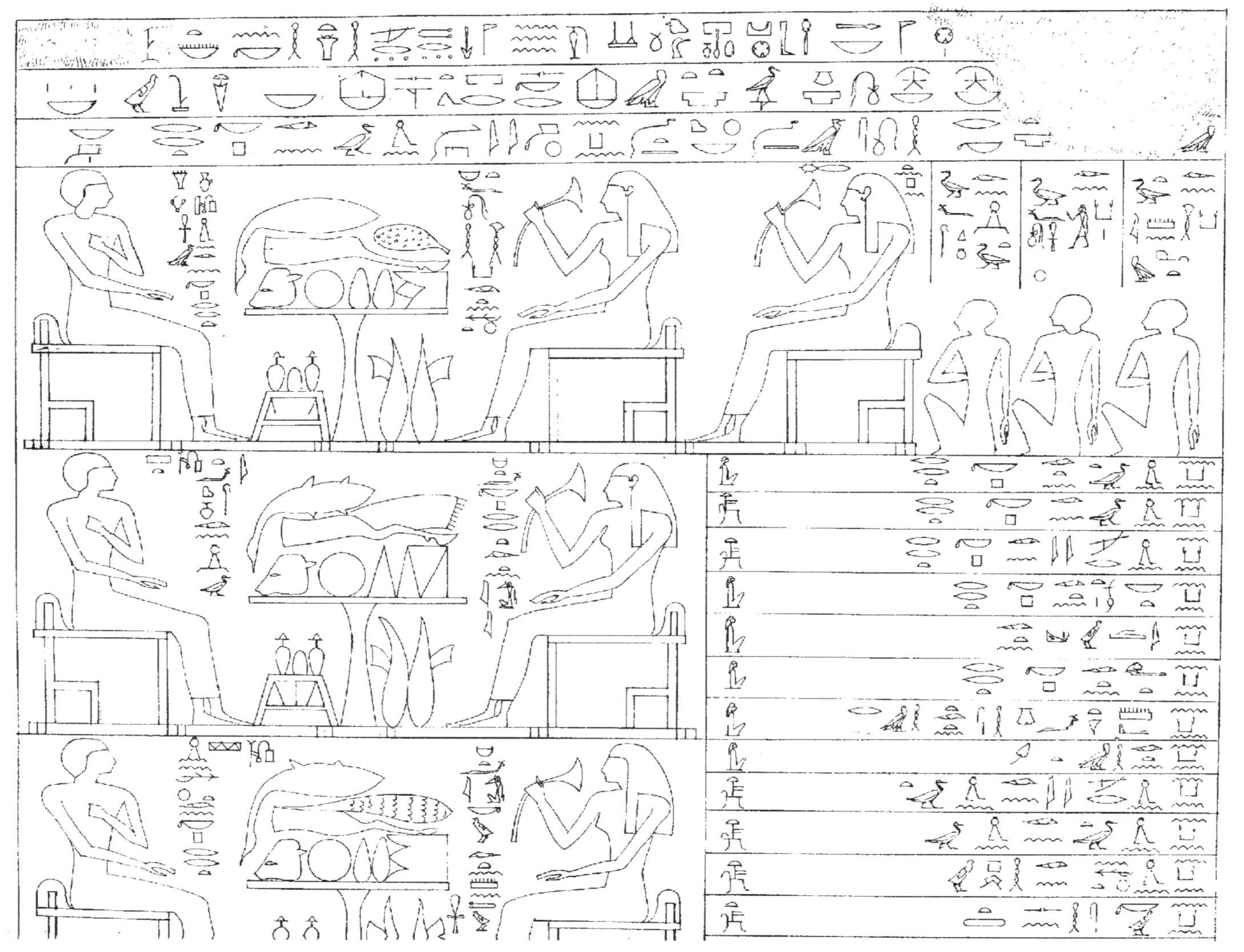

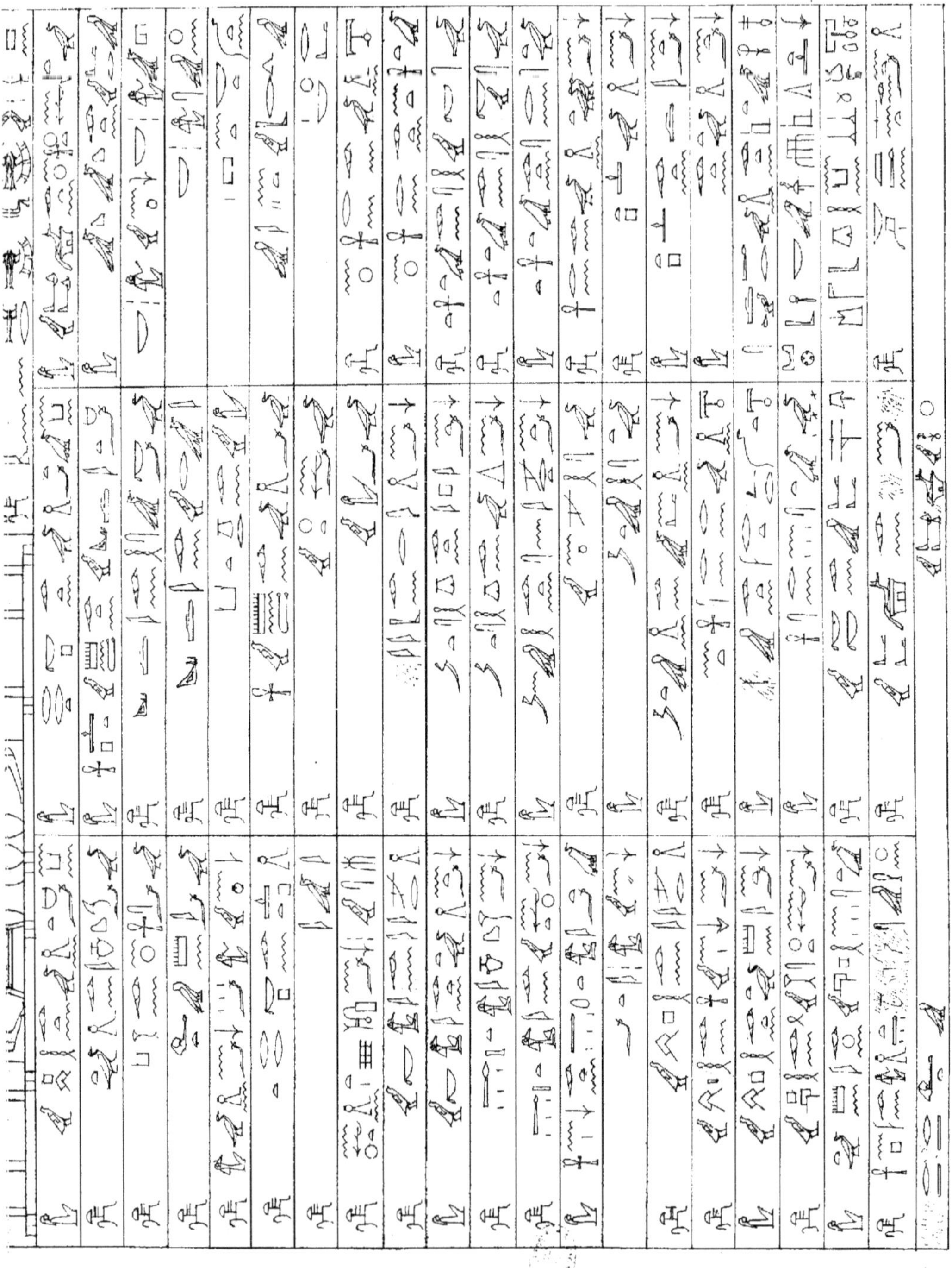

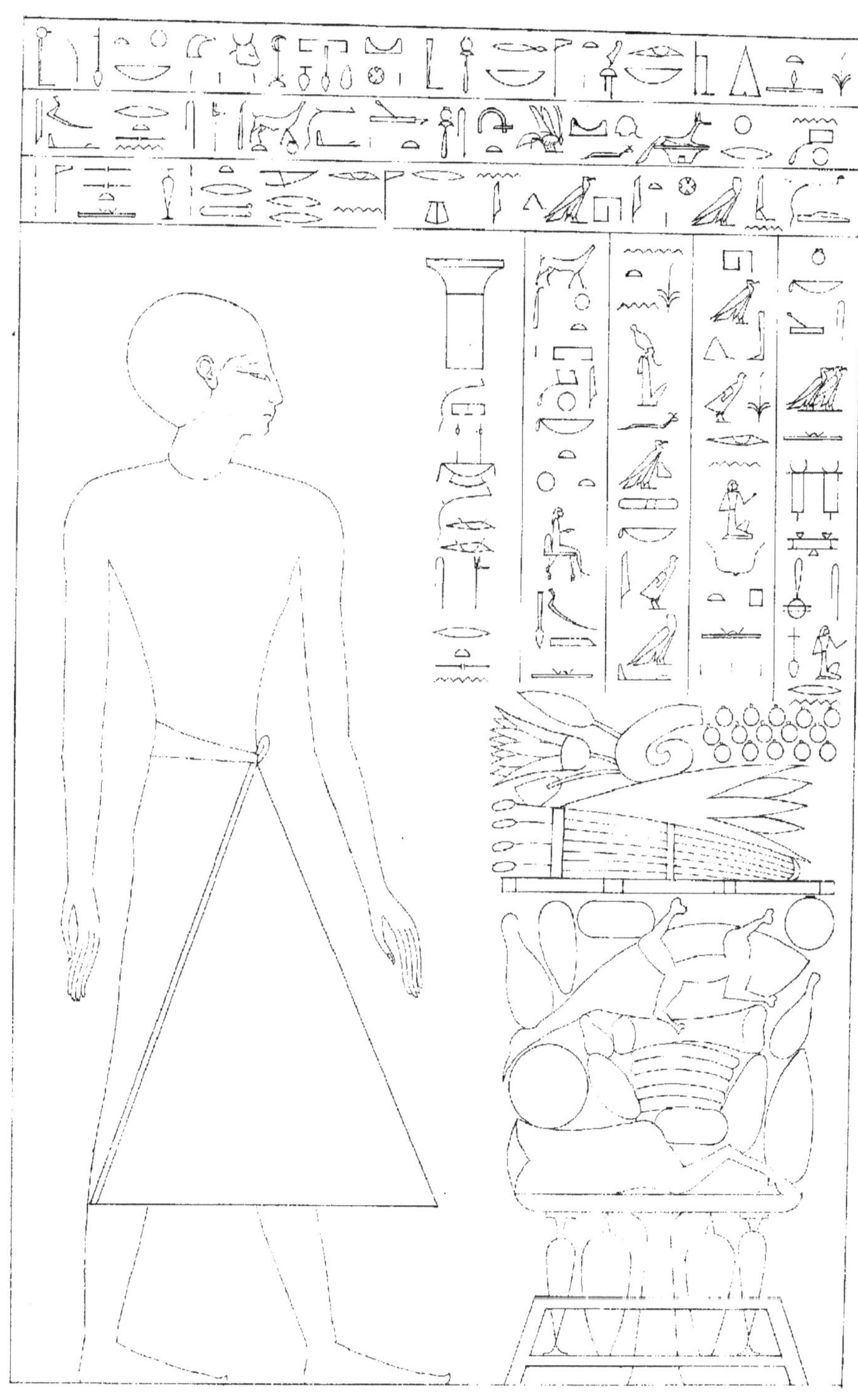

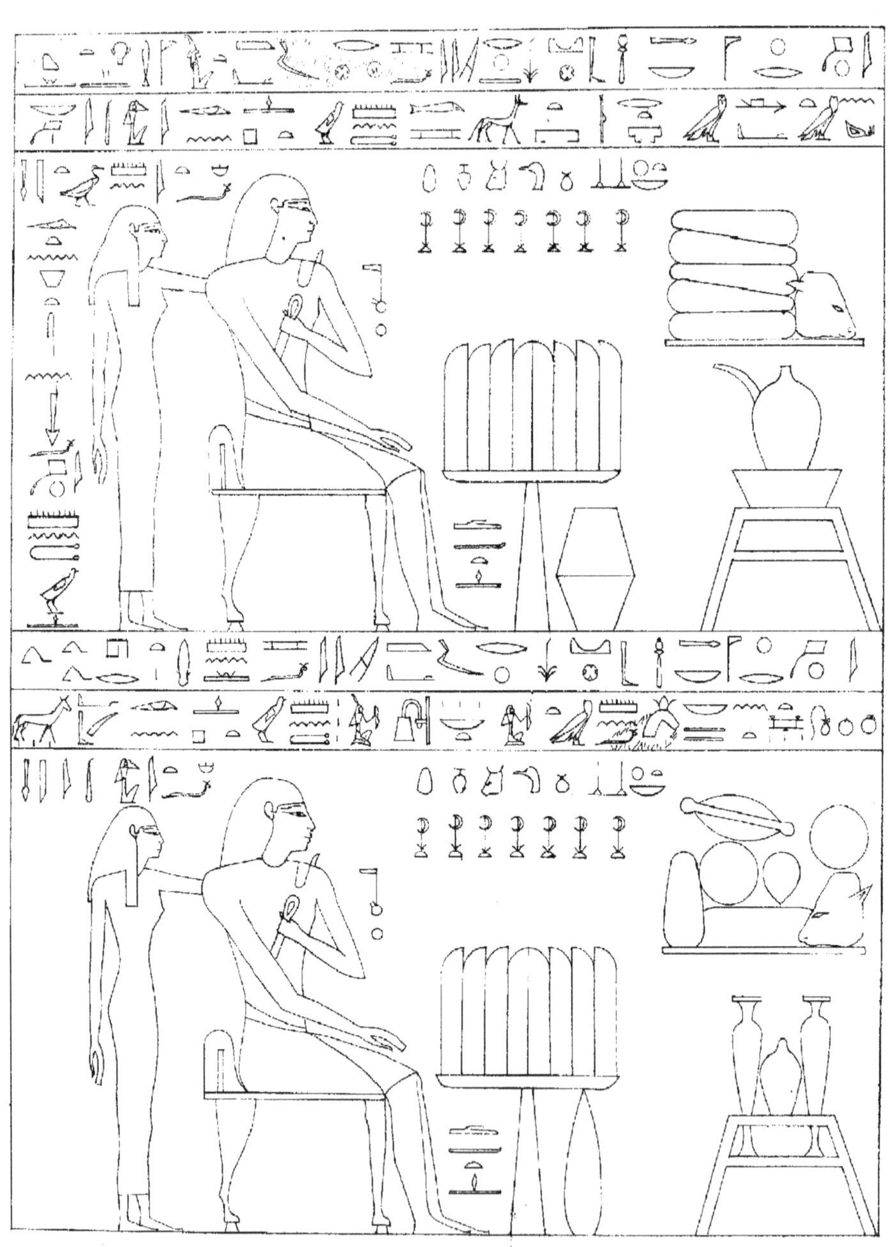

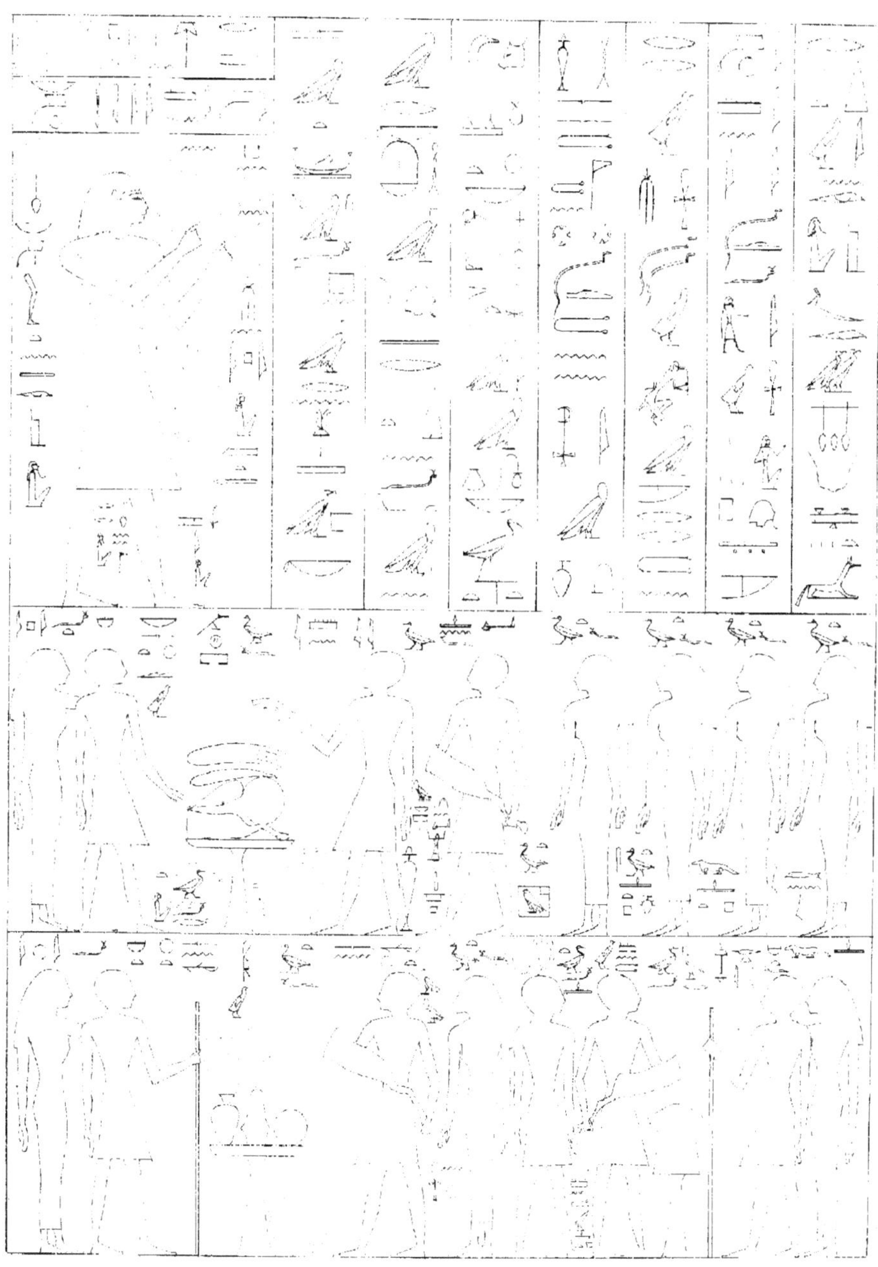

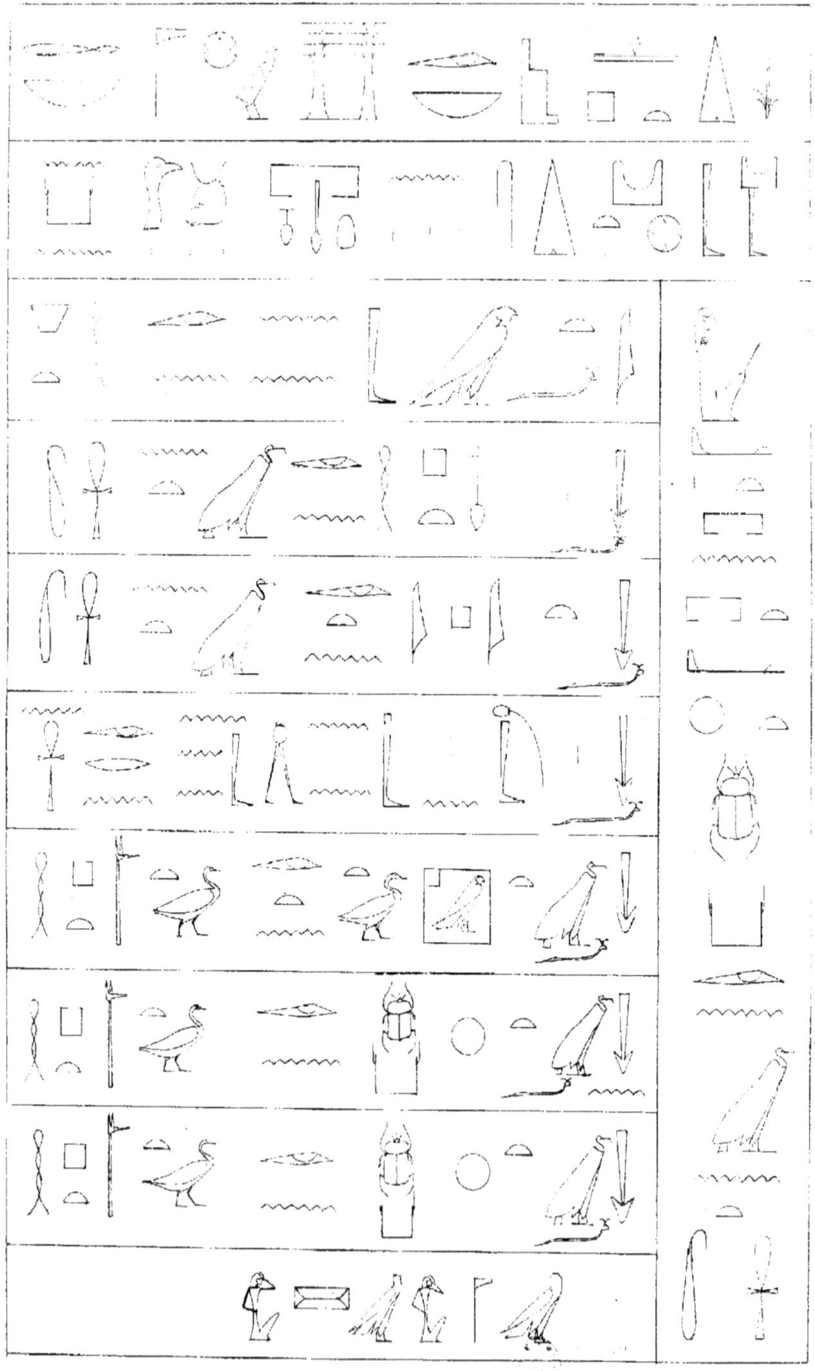

C.179

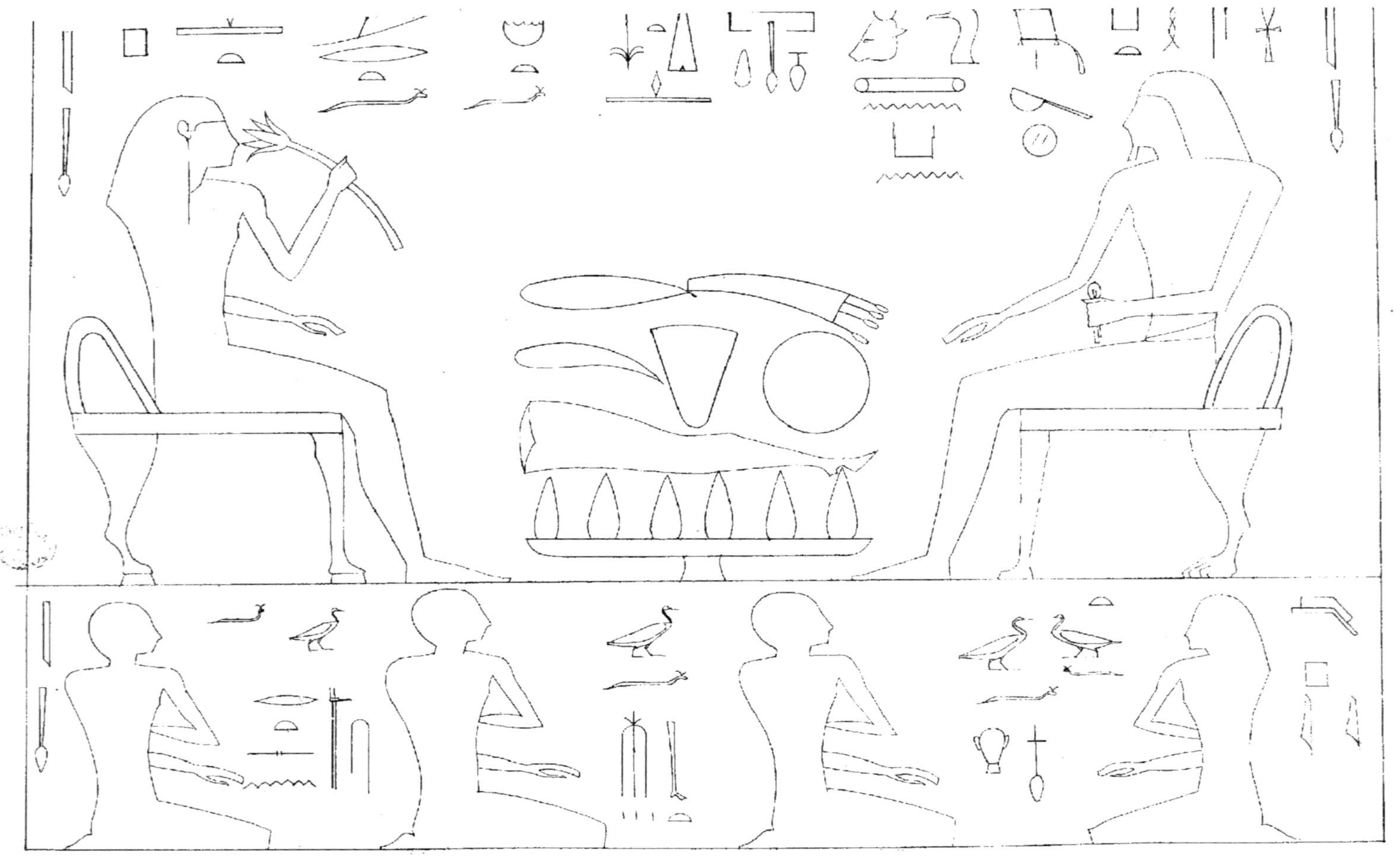

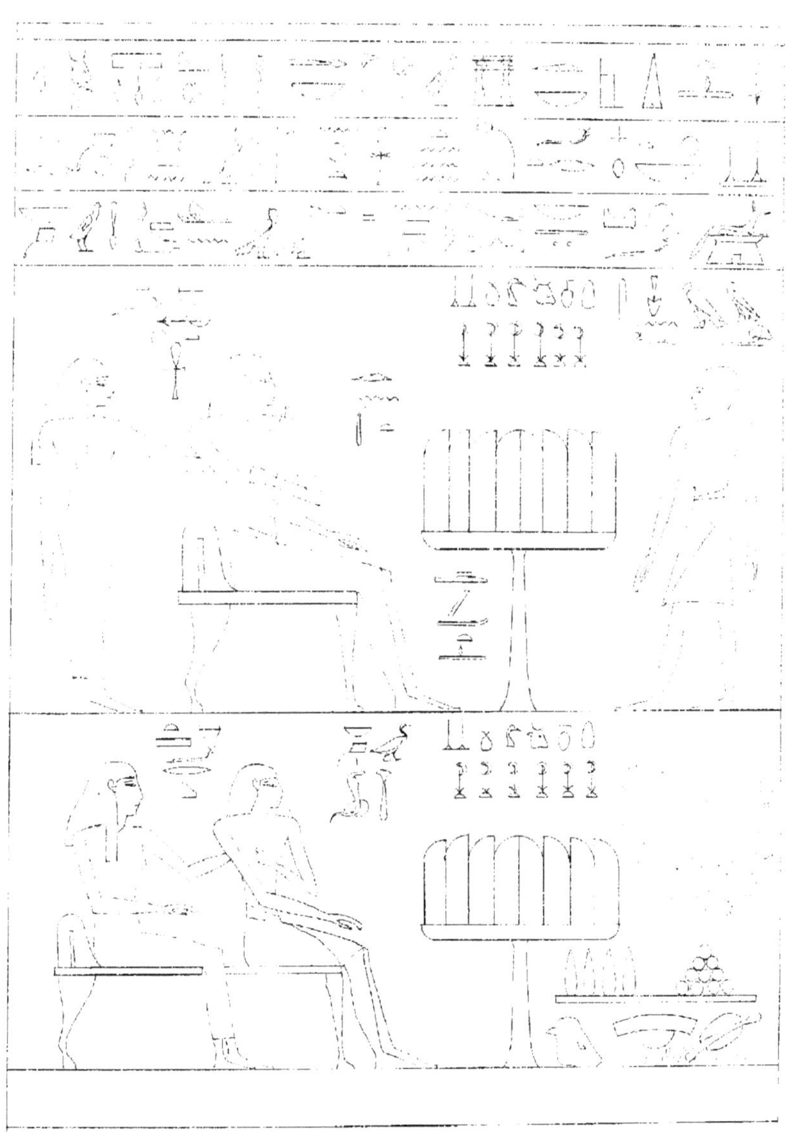

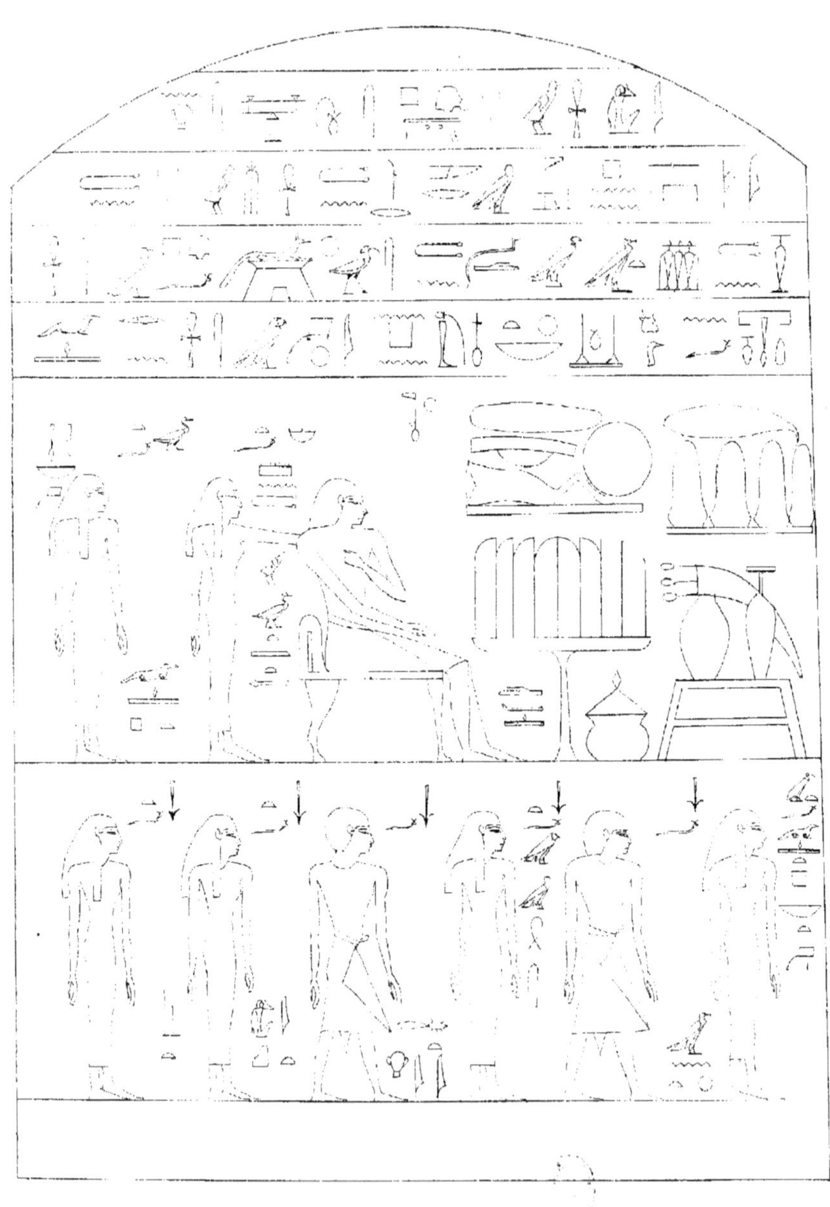

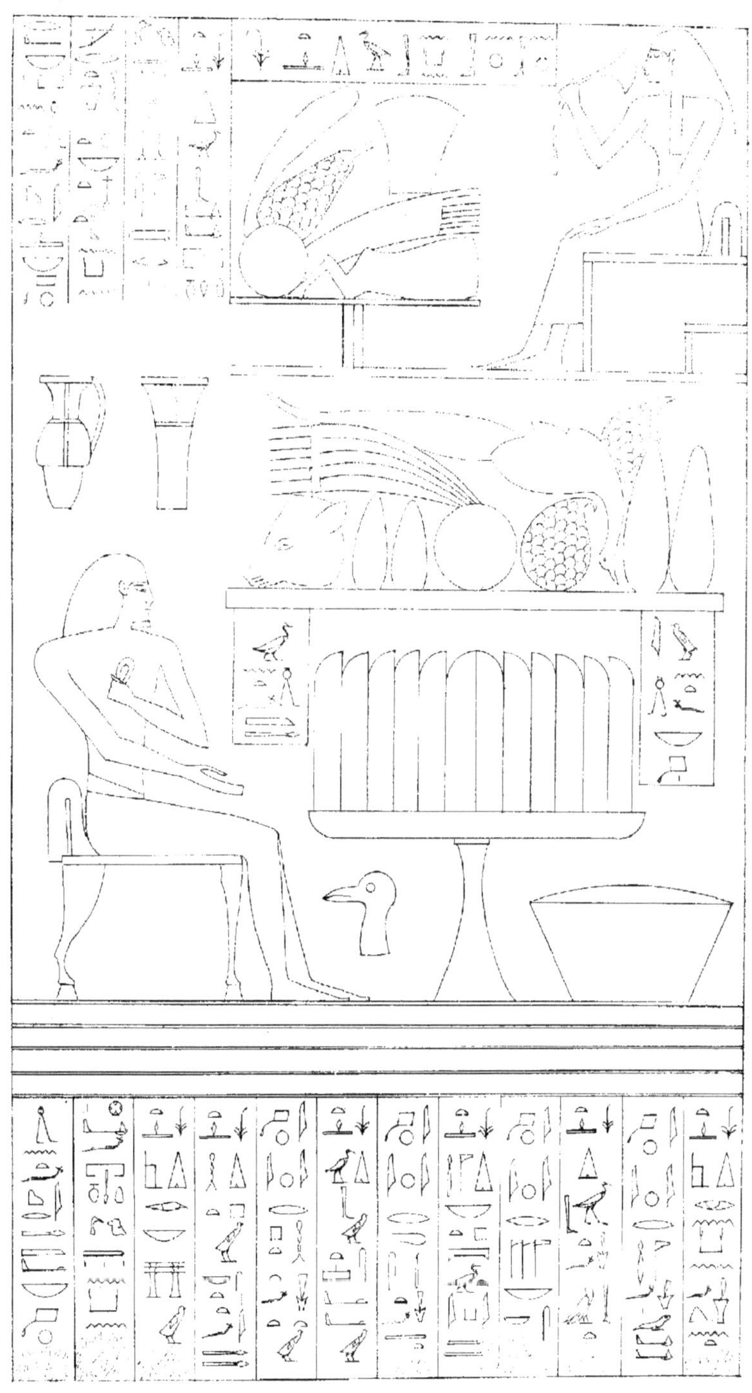

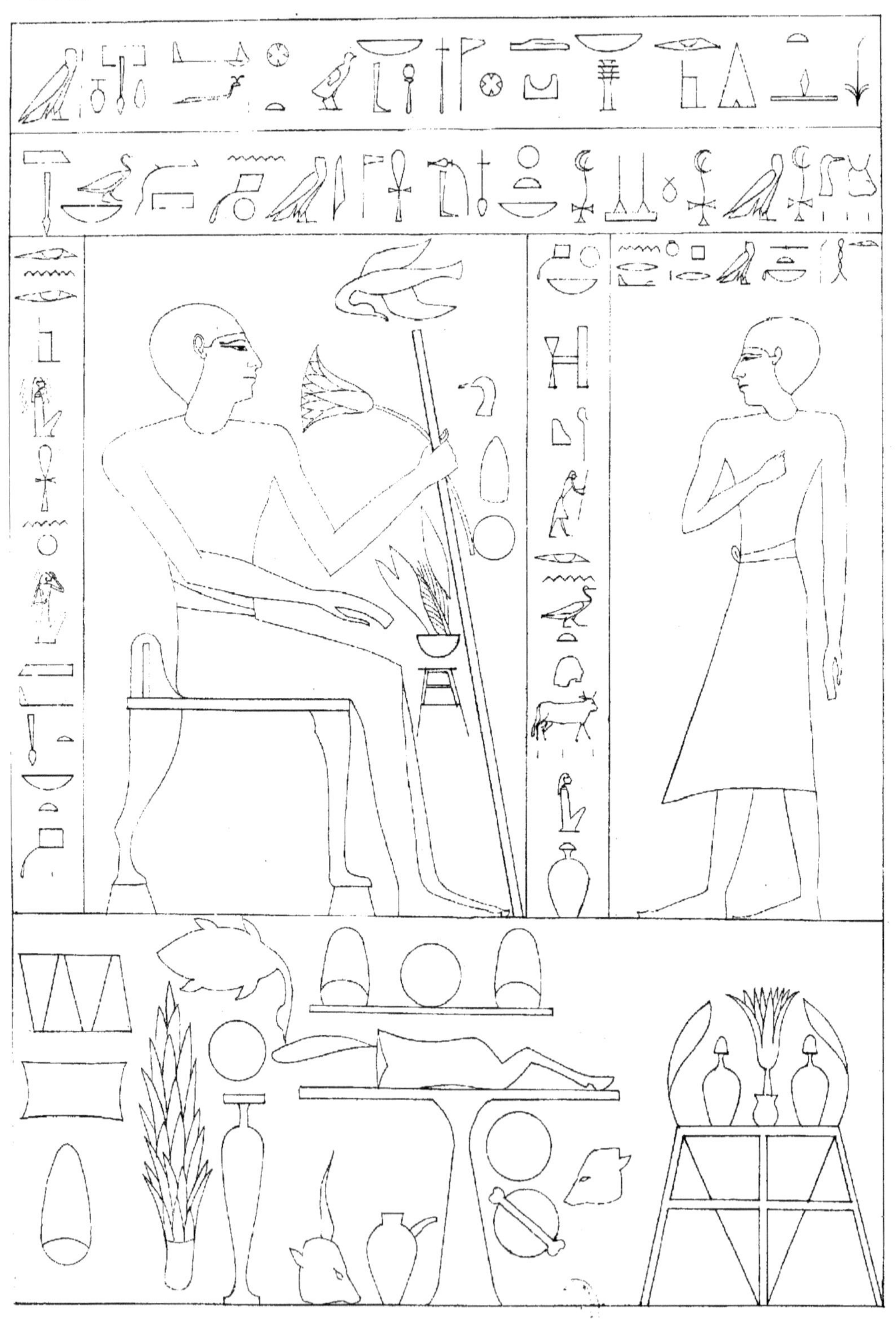

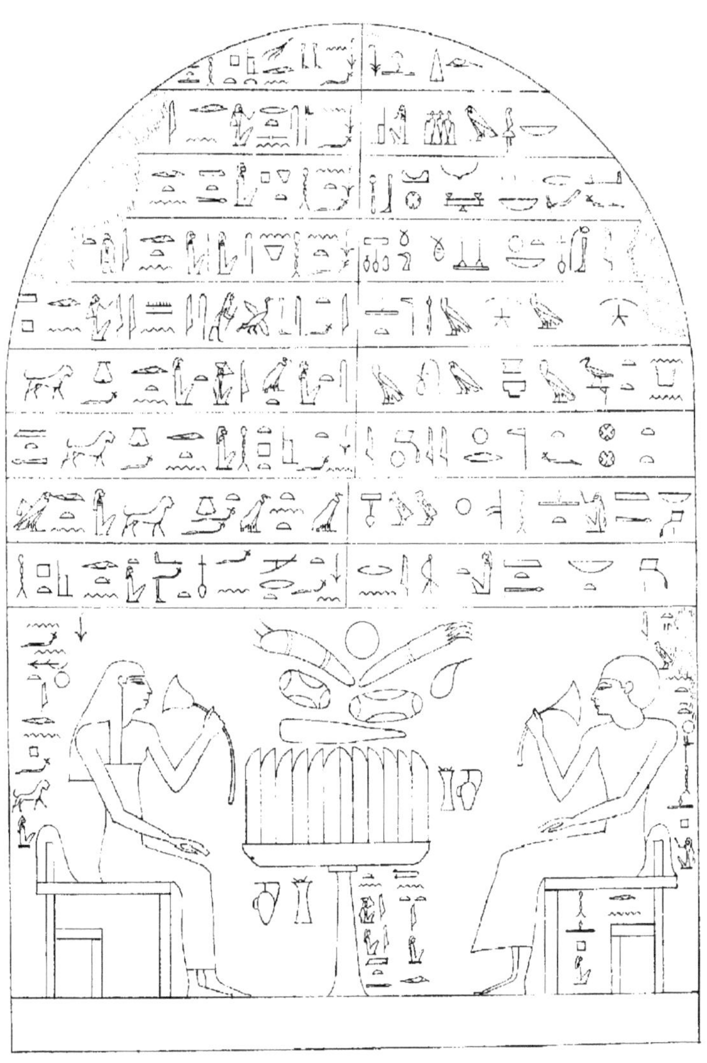

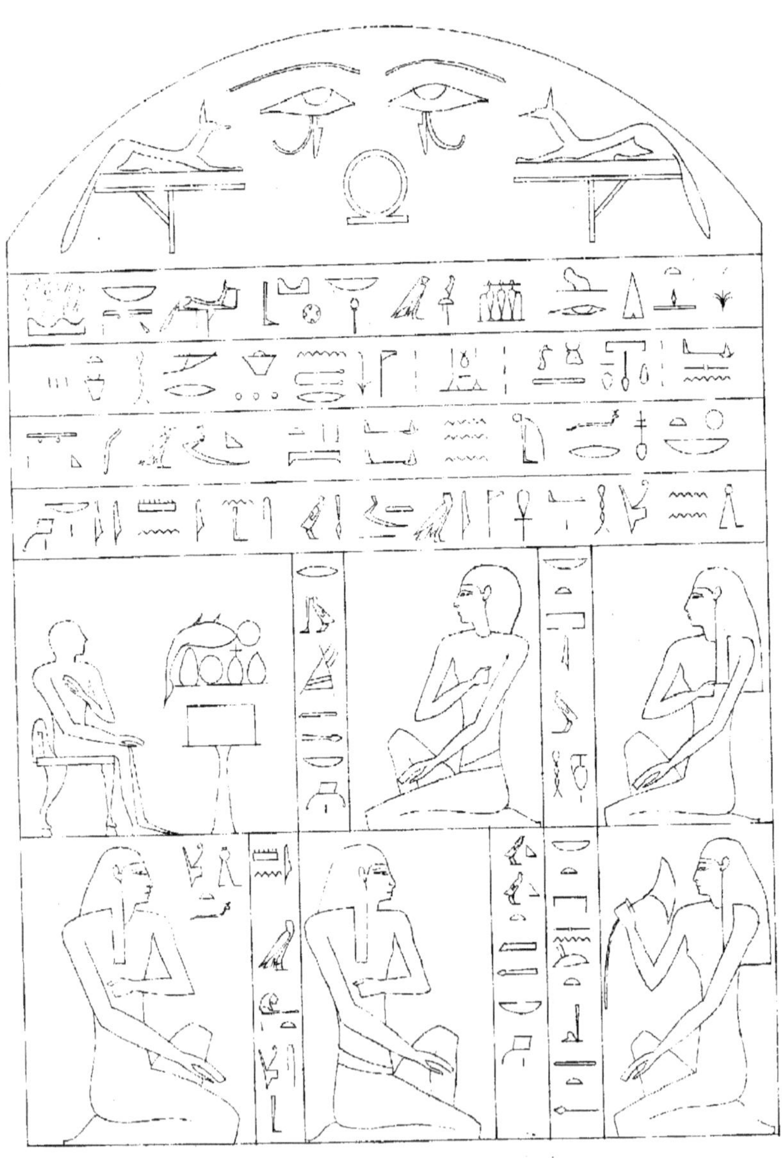

C. 197

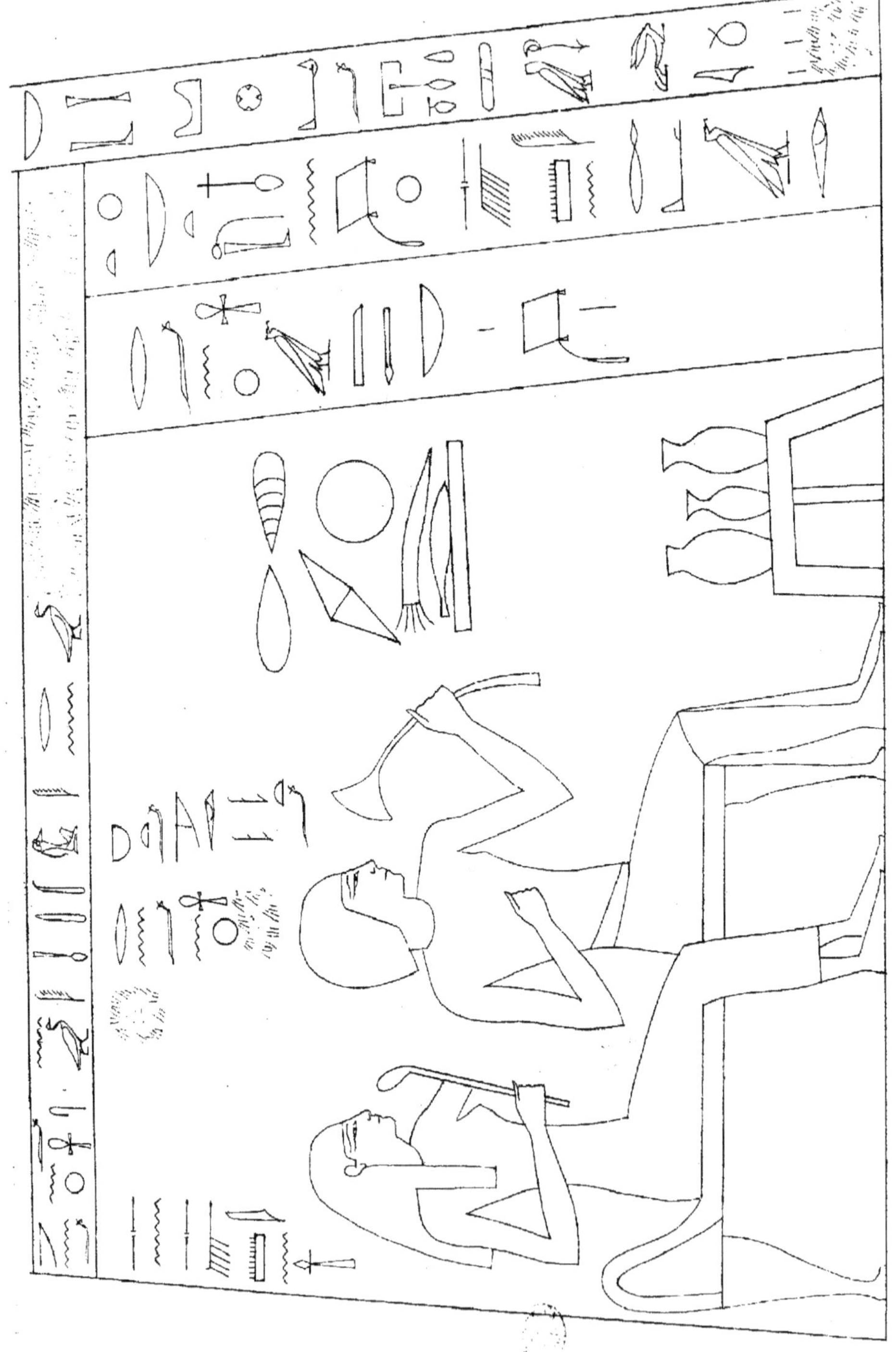

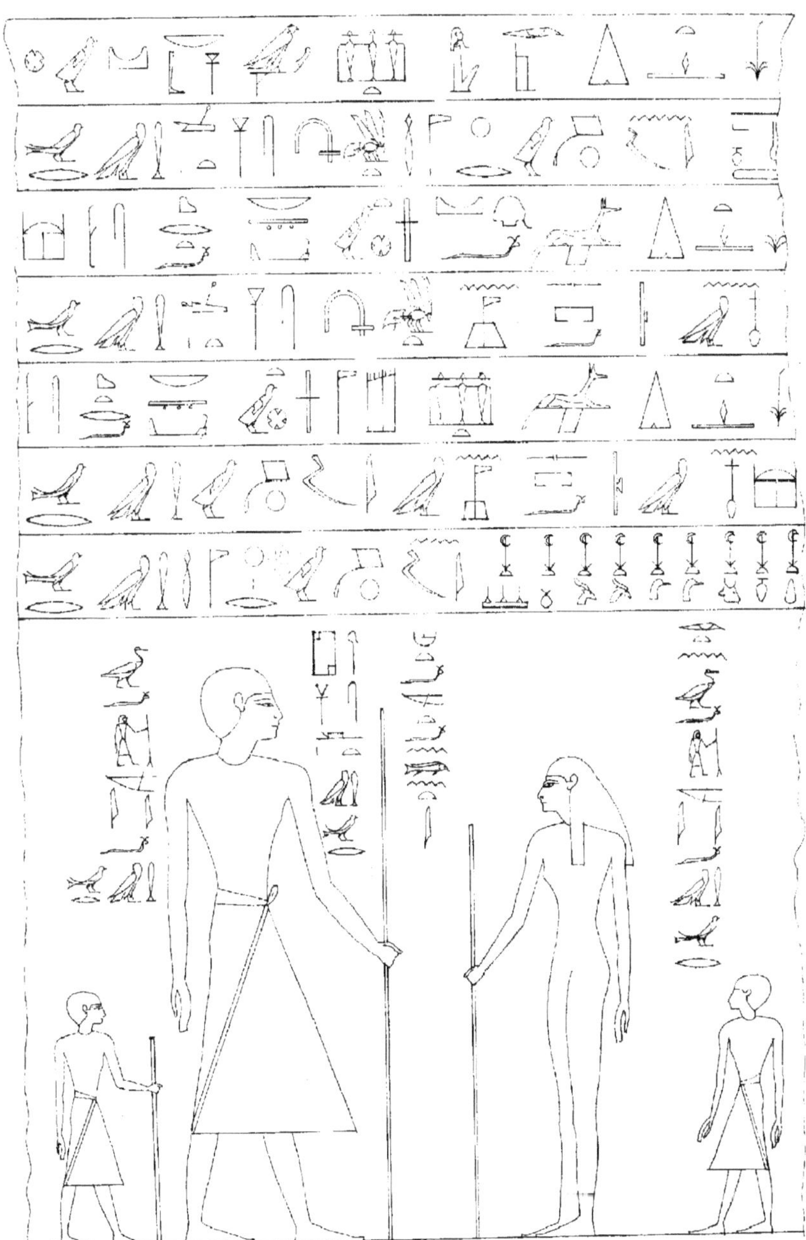

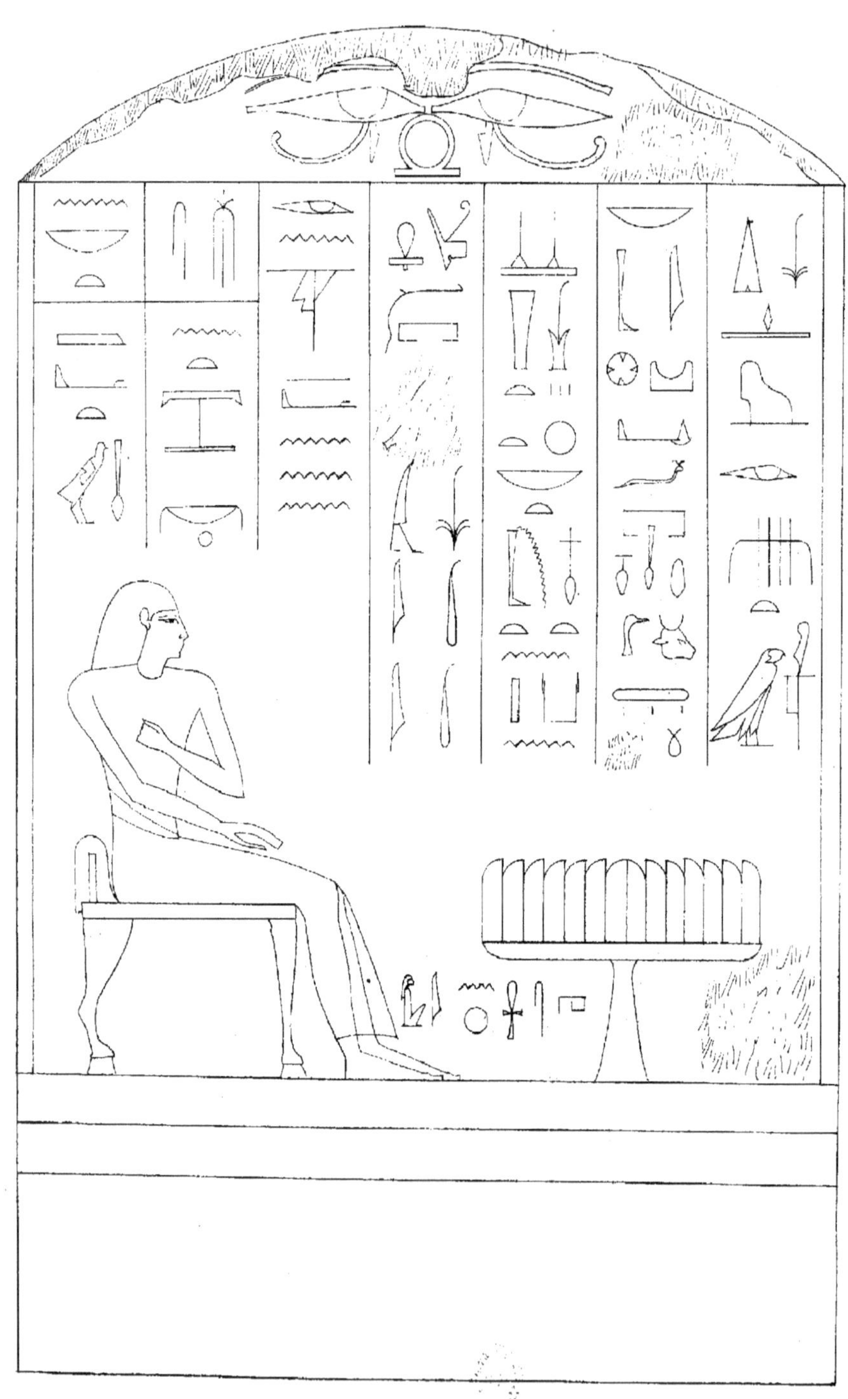

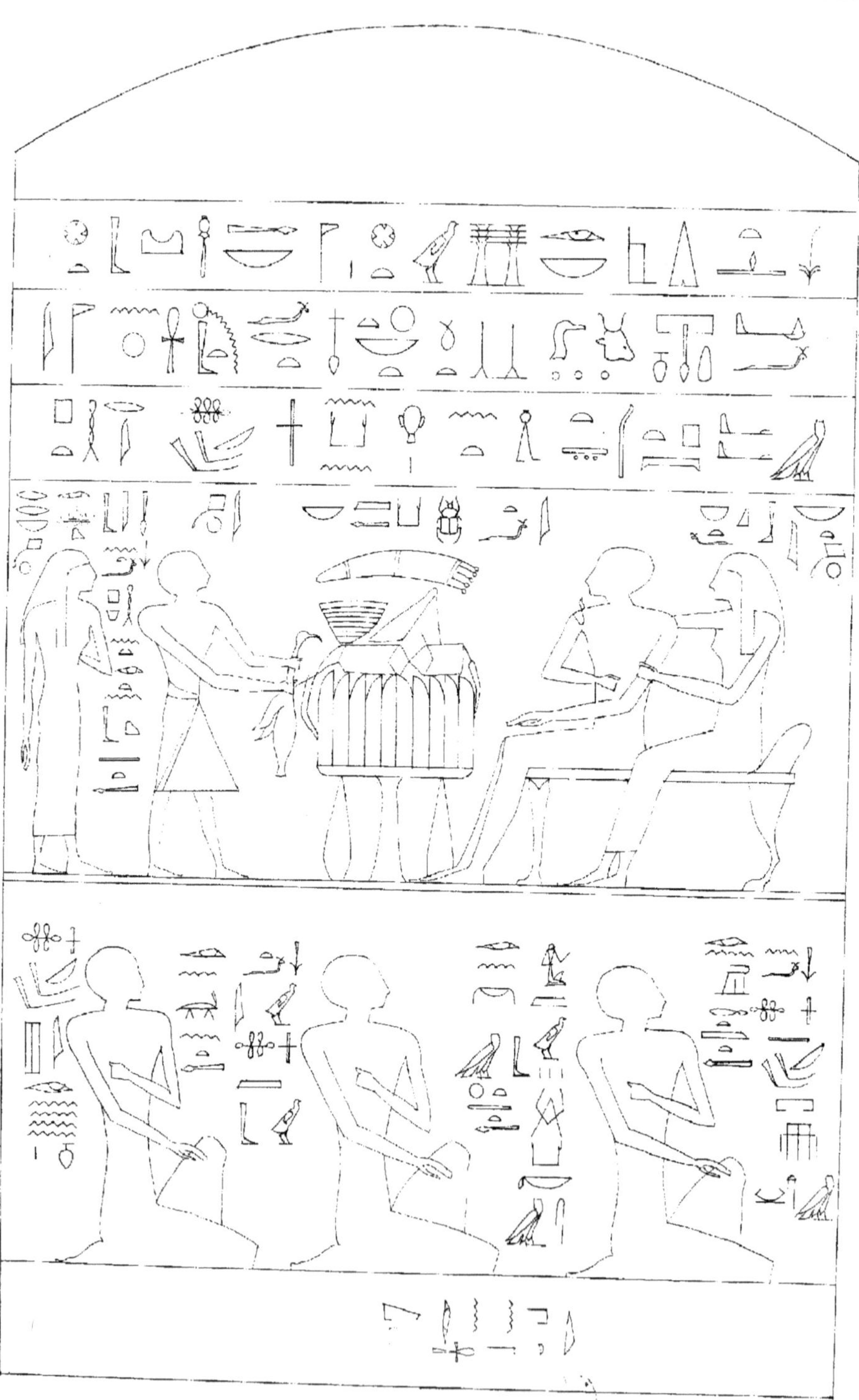

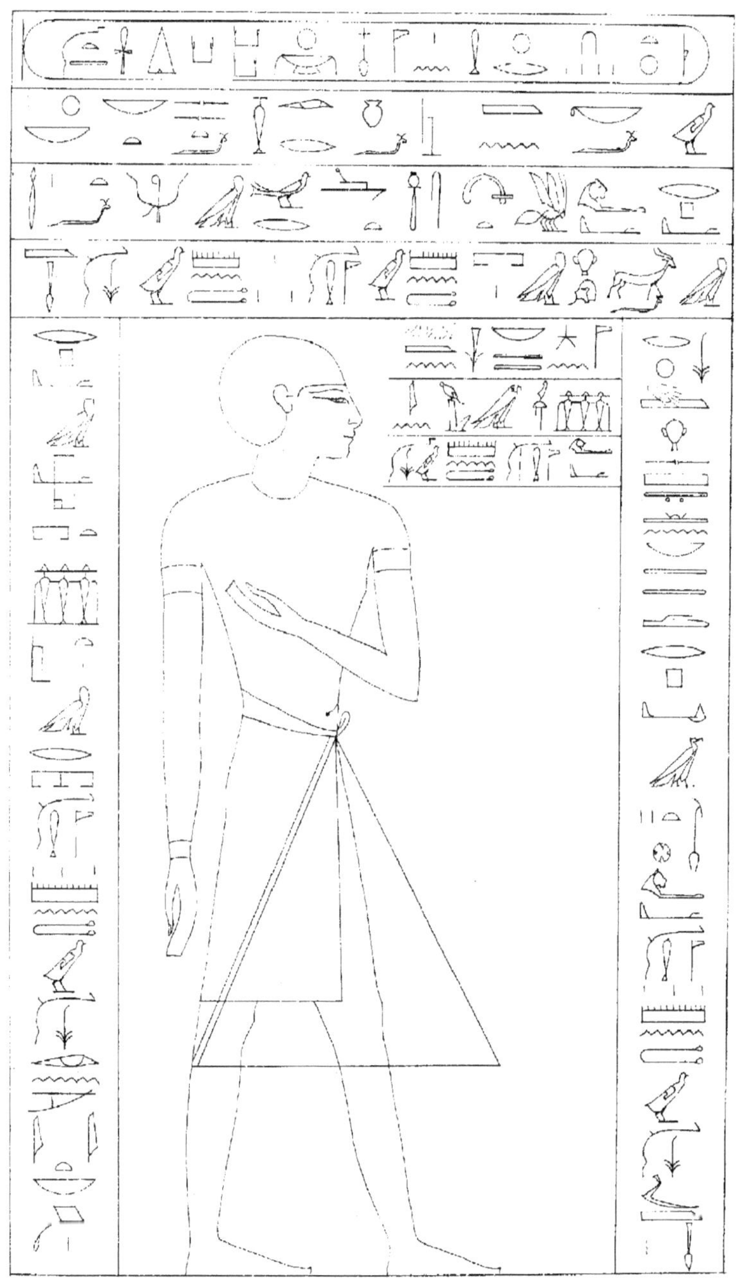

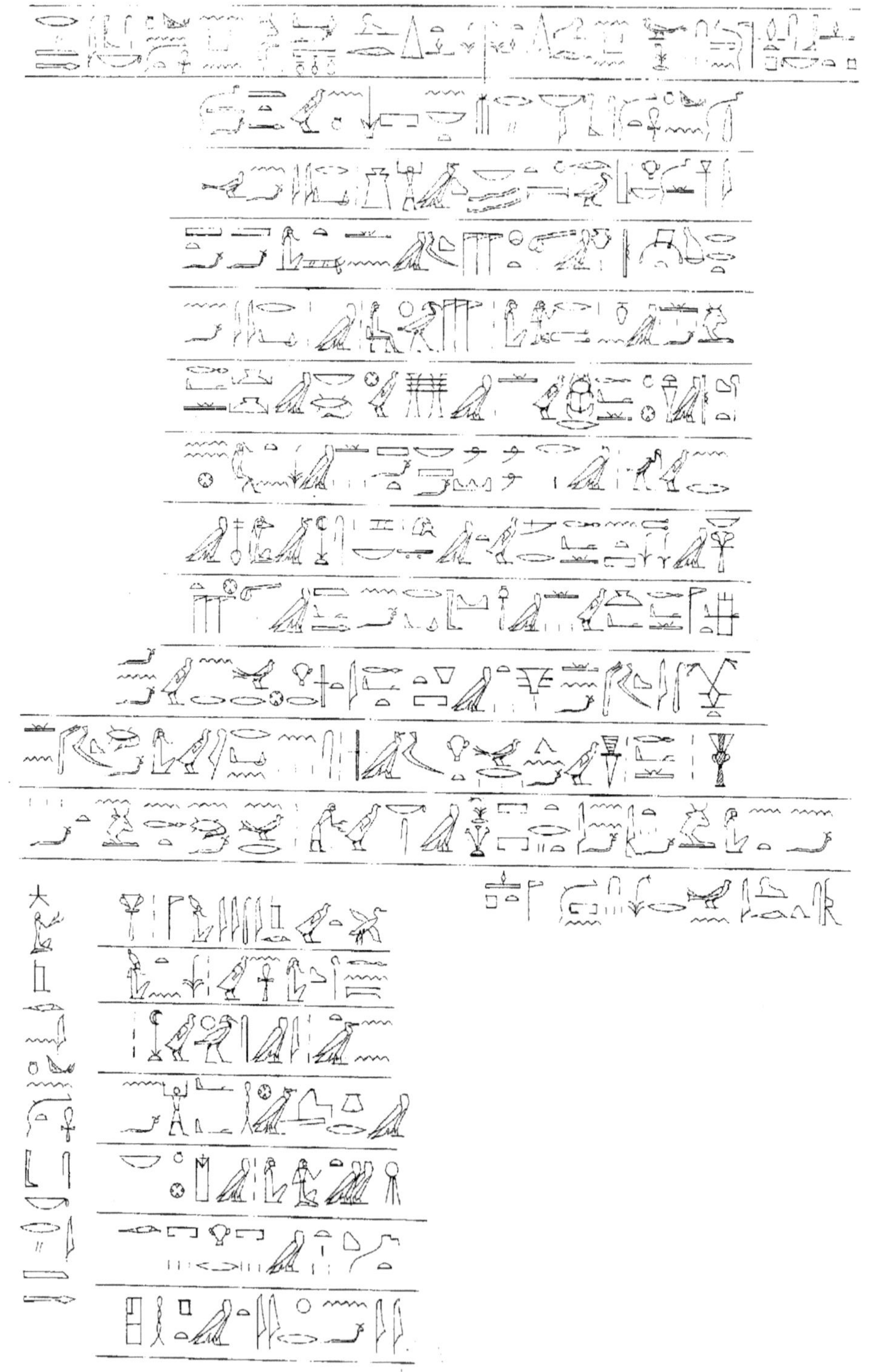

N° 14 C. 185

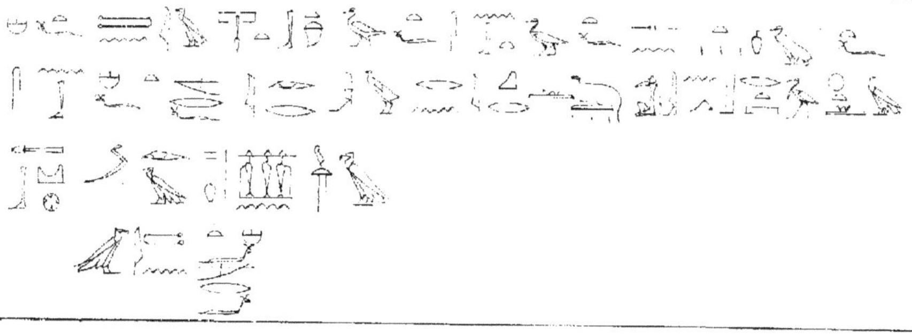

N° 15 C. 188

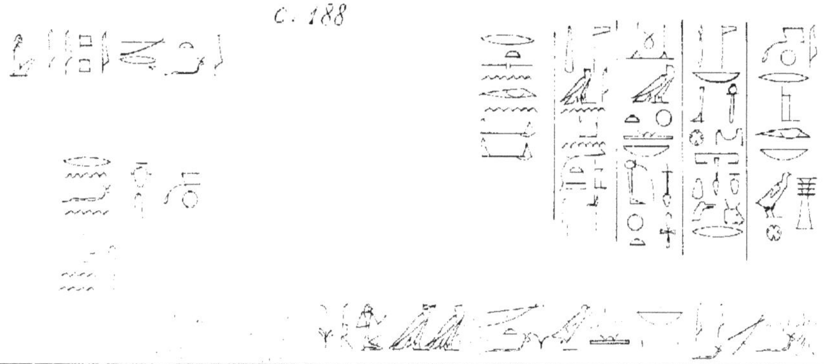

N° 19 C. 193

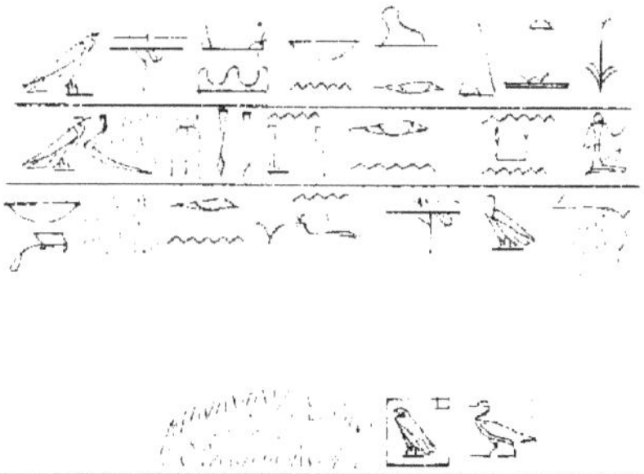

N° 12 C. 181

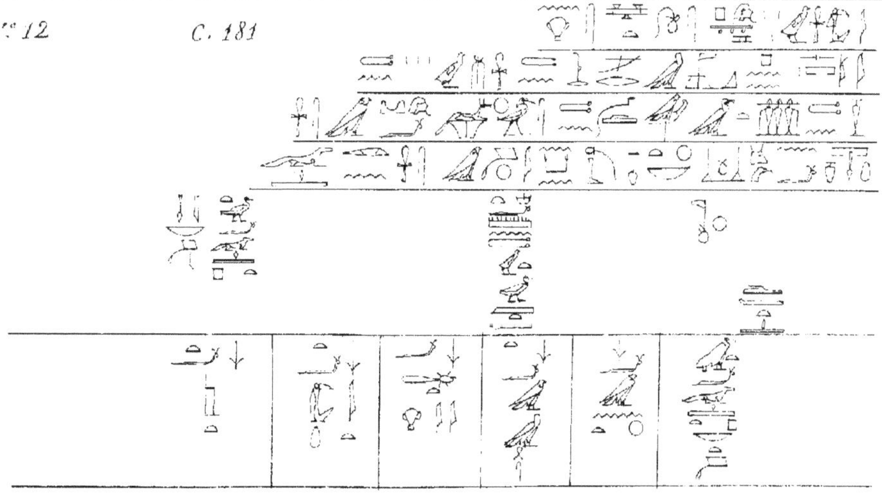

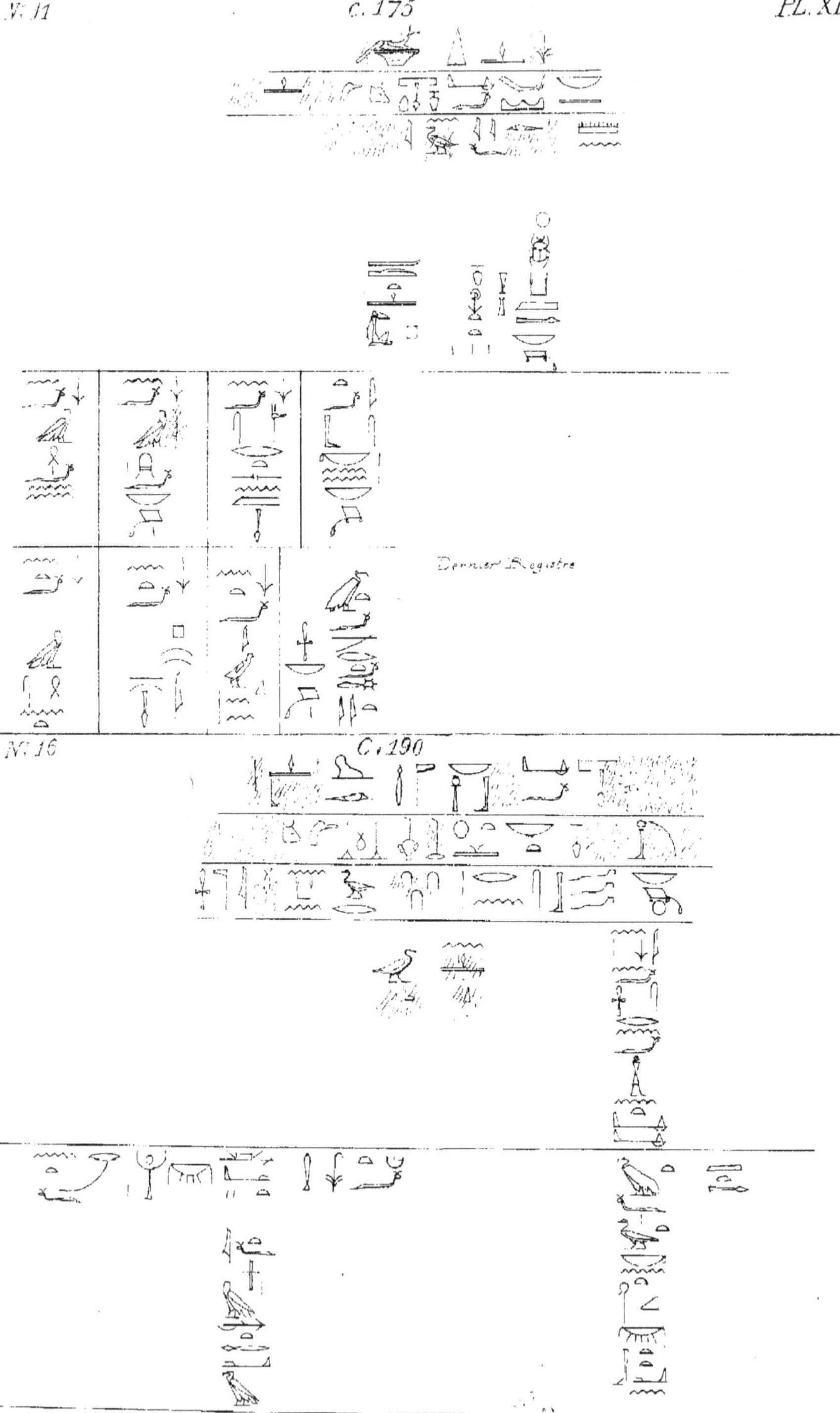
Dernier Registre
N.º 16
C. 190

N.° 17   C. 191

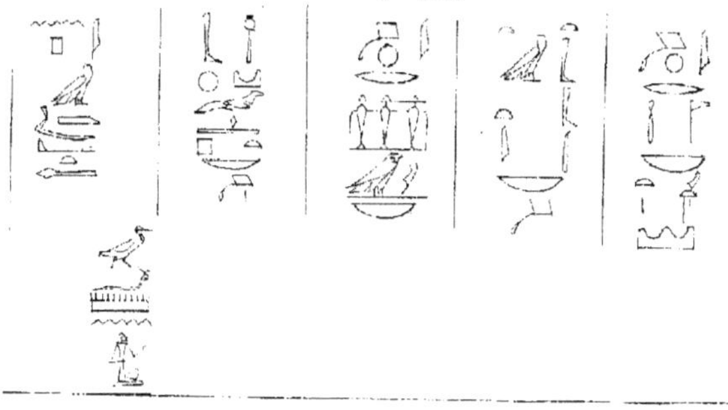

N.° 18   C. 192

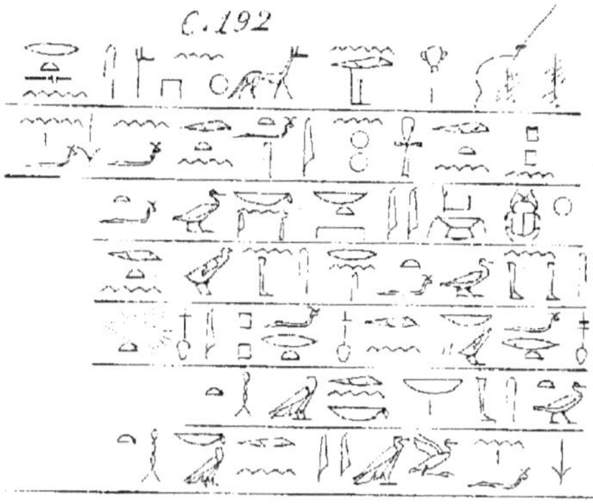

N.° 13   C. 184

Registre 2

Registre 3

Registre 1.ᵉʳ

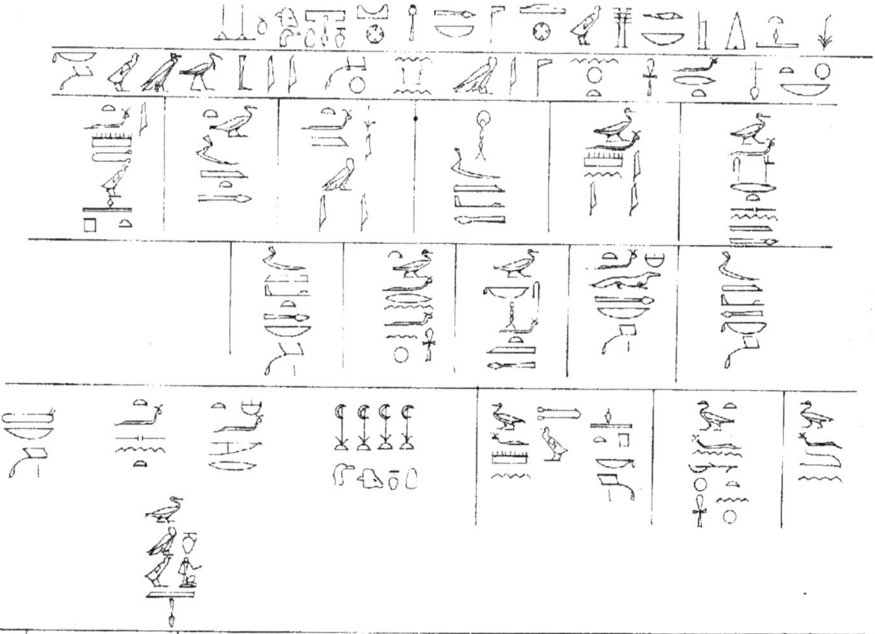

C. 45

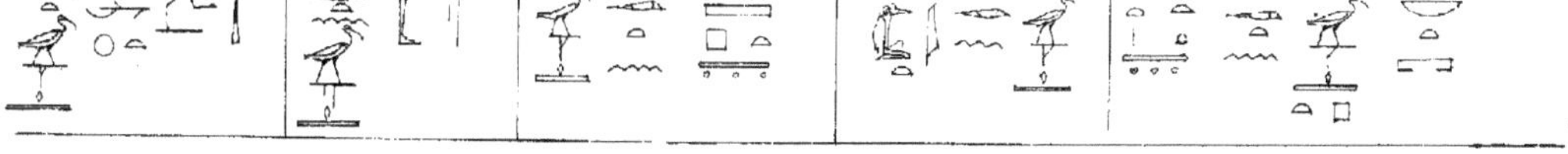

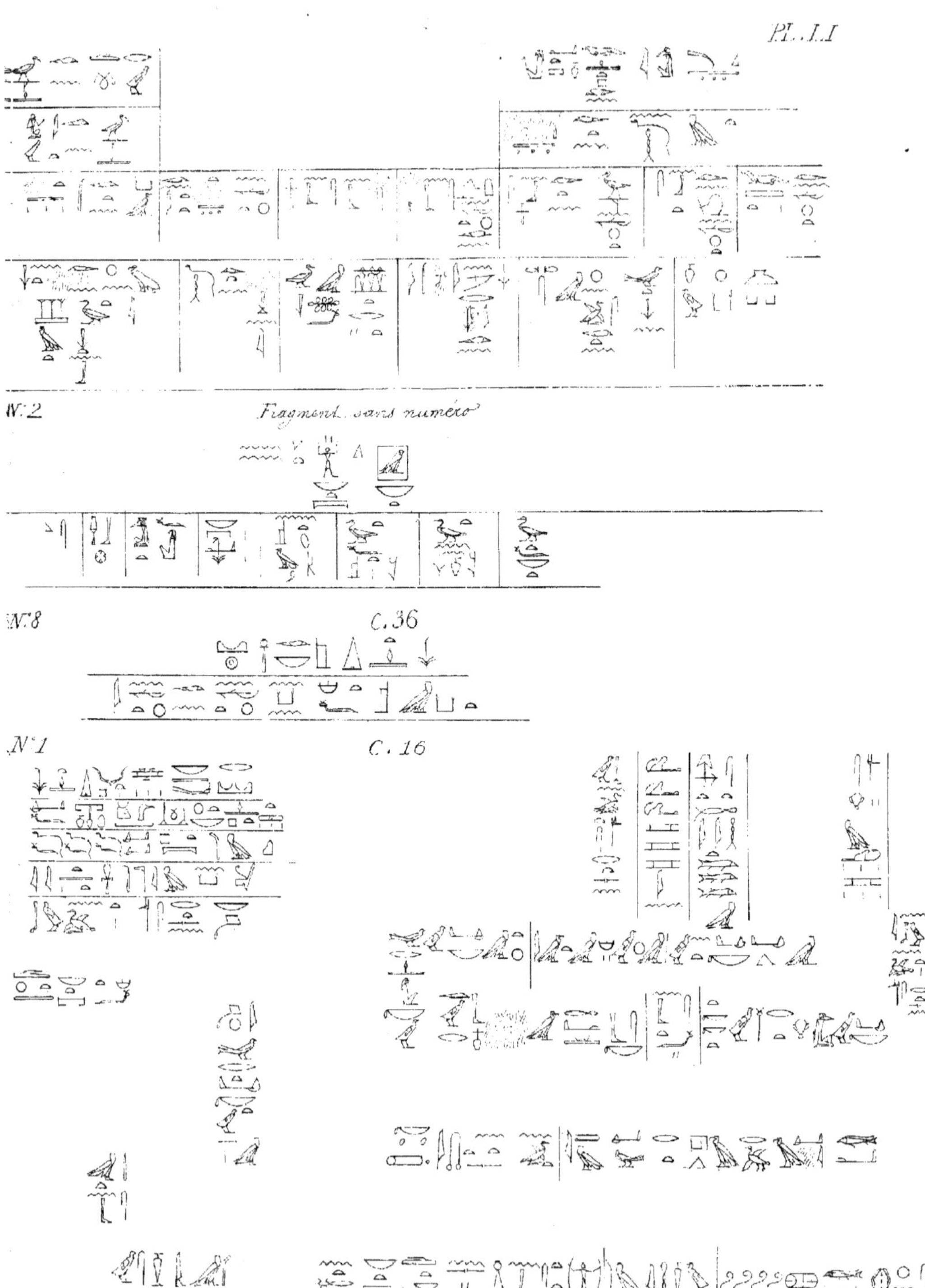

N.° 2
Fragment sans numéro
N.° 8
C. 36
N.° 1
C. 16

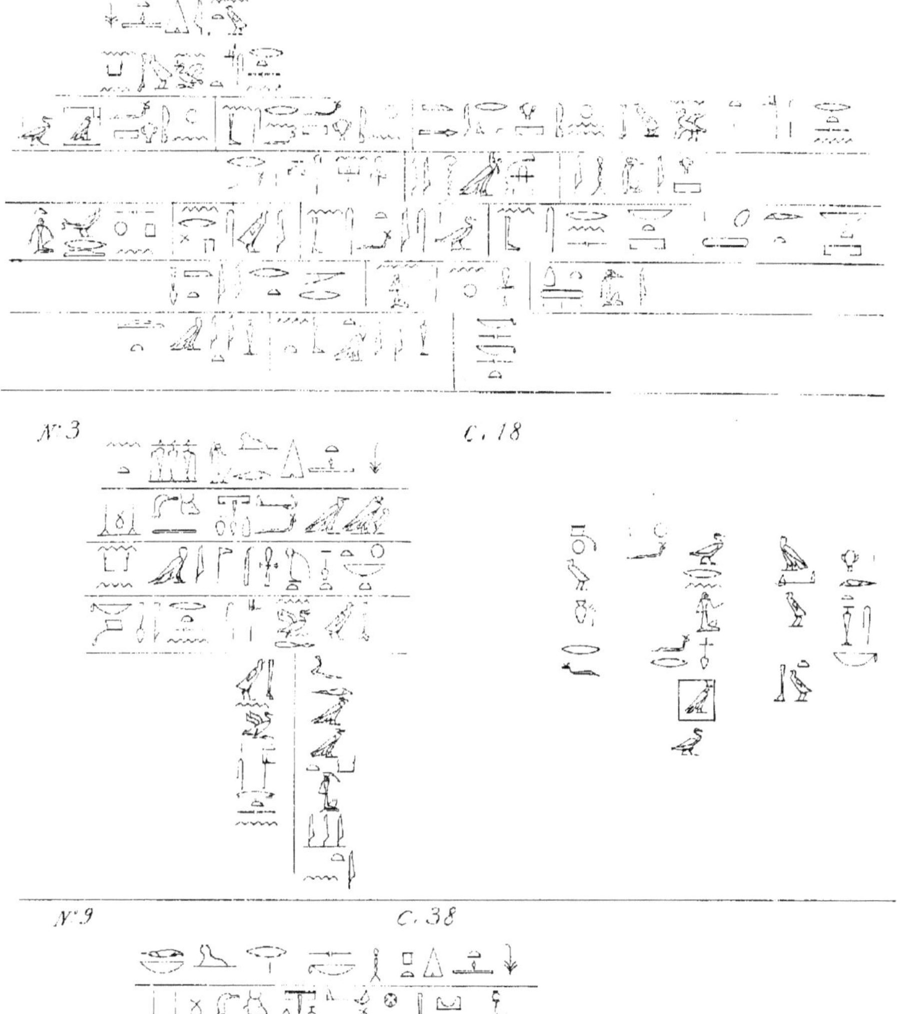

Nº 3   C. 18

Nº 9   C. 38

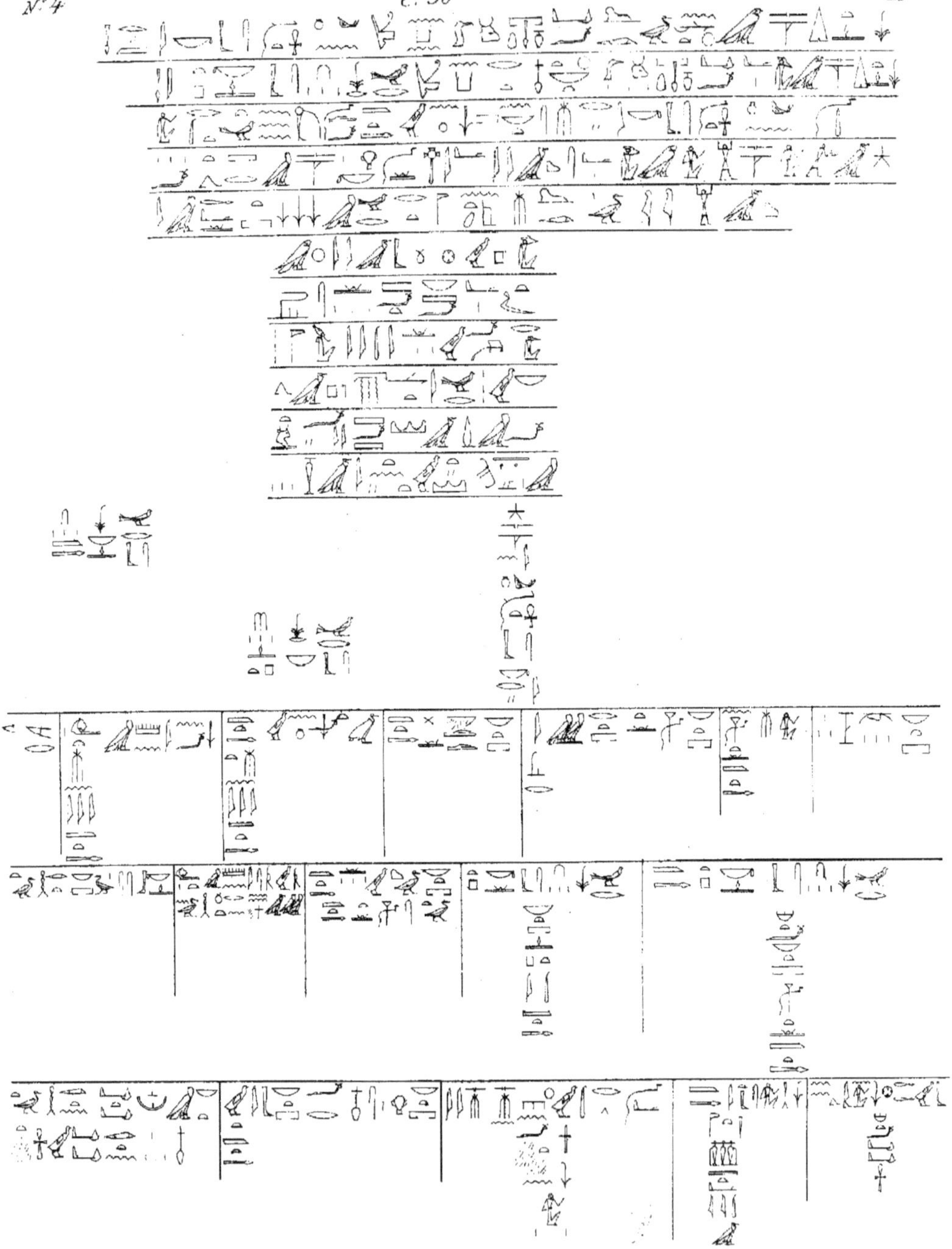

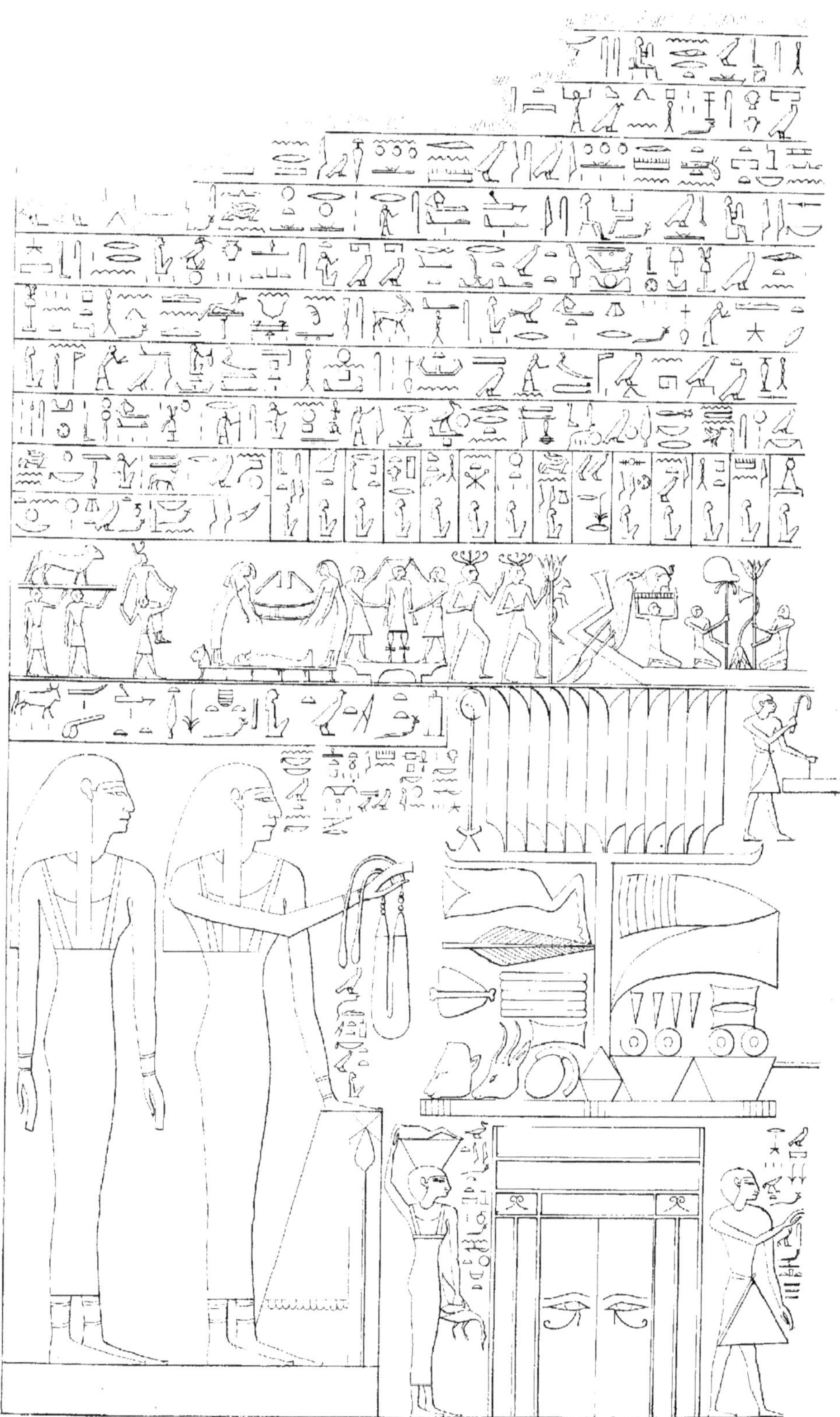

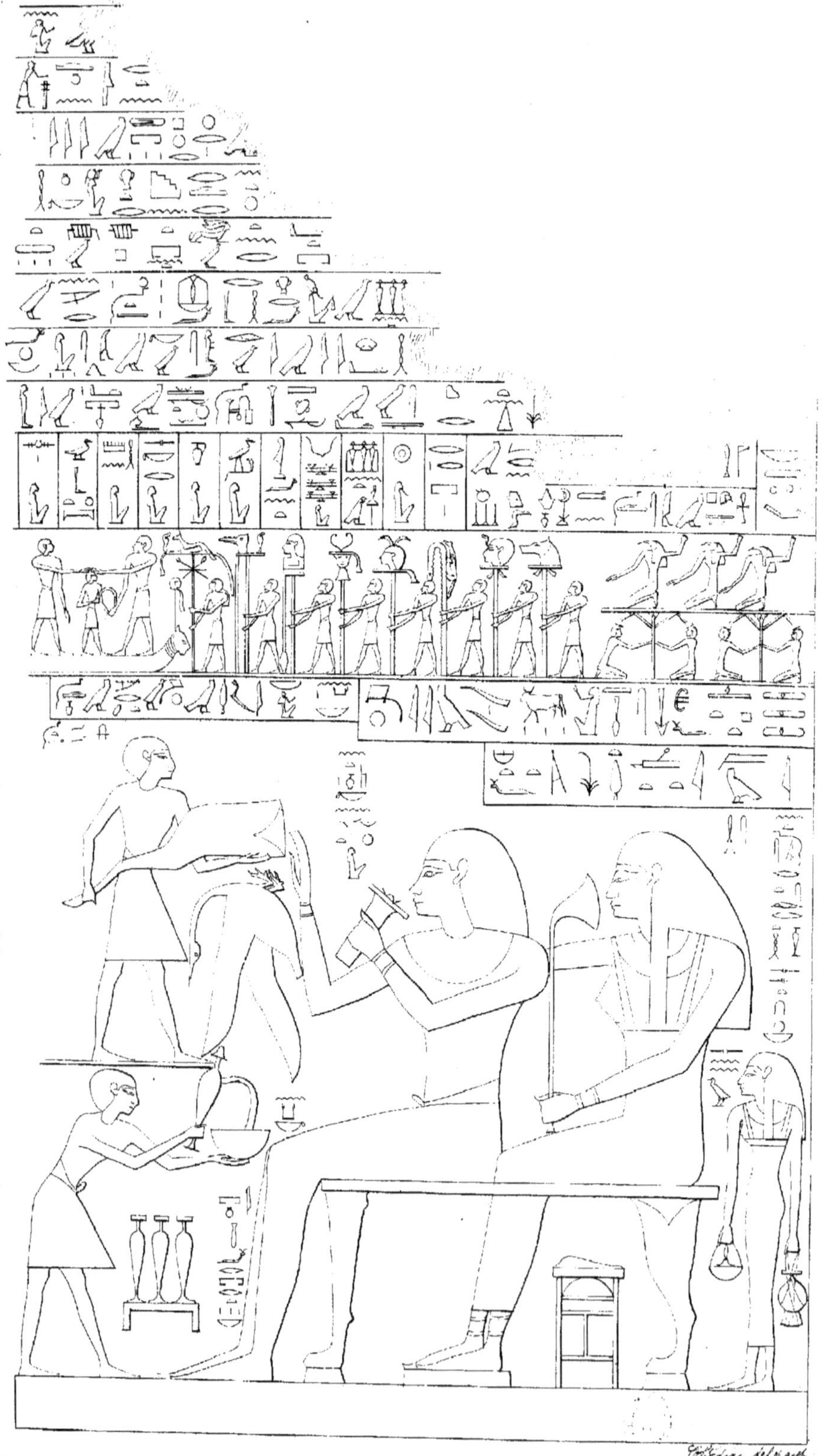

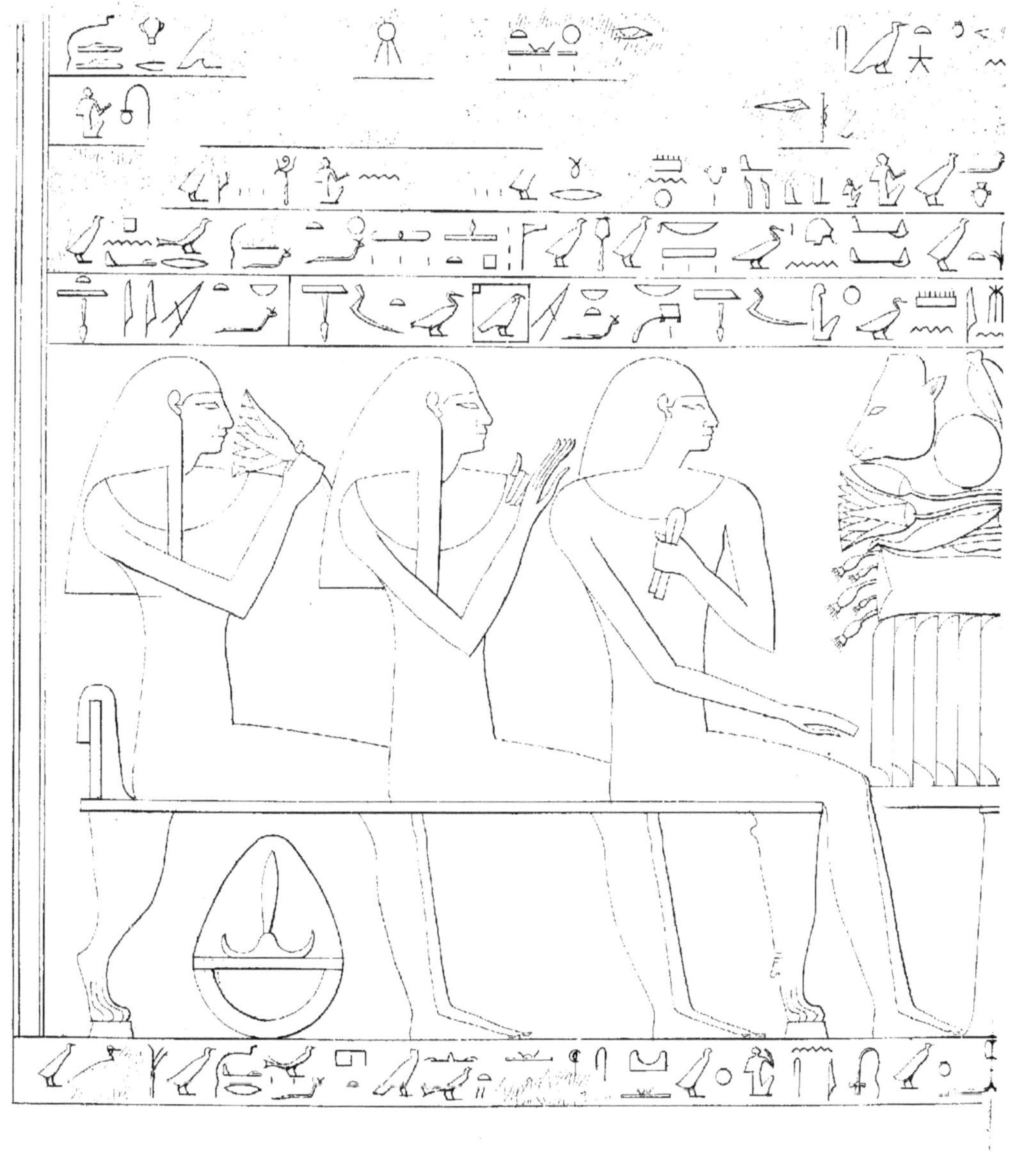

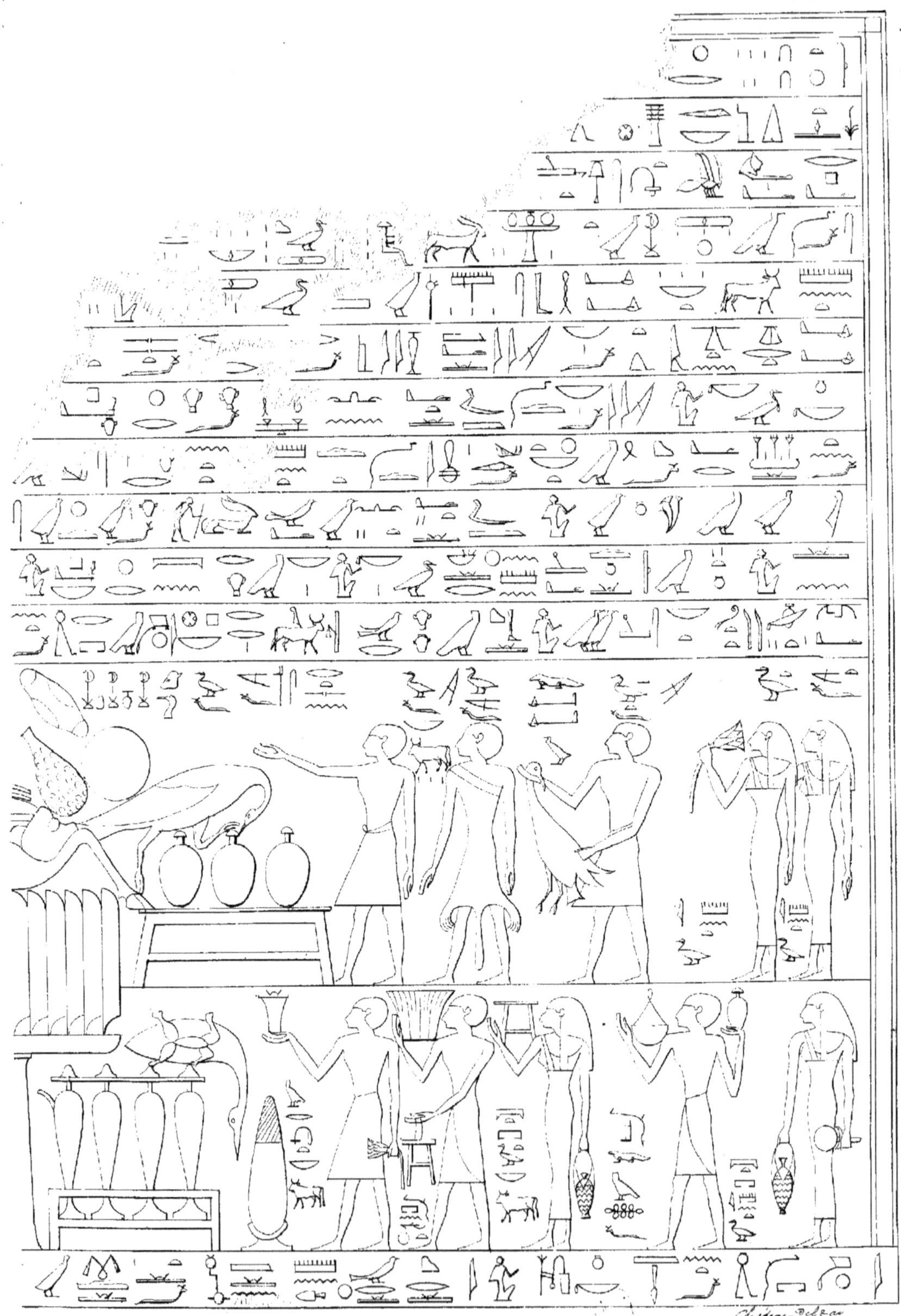

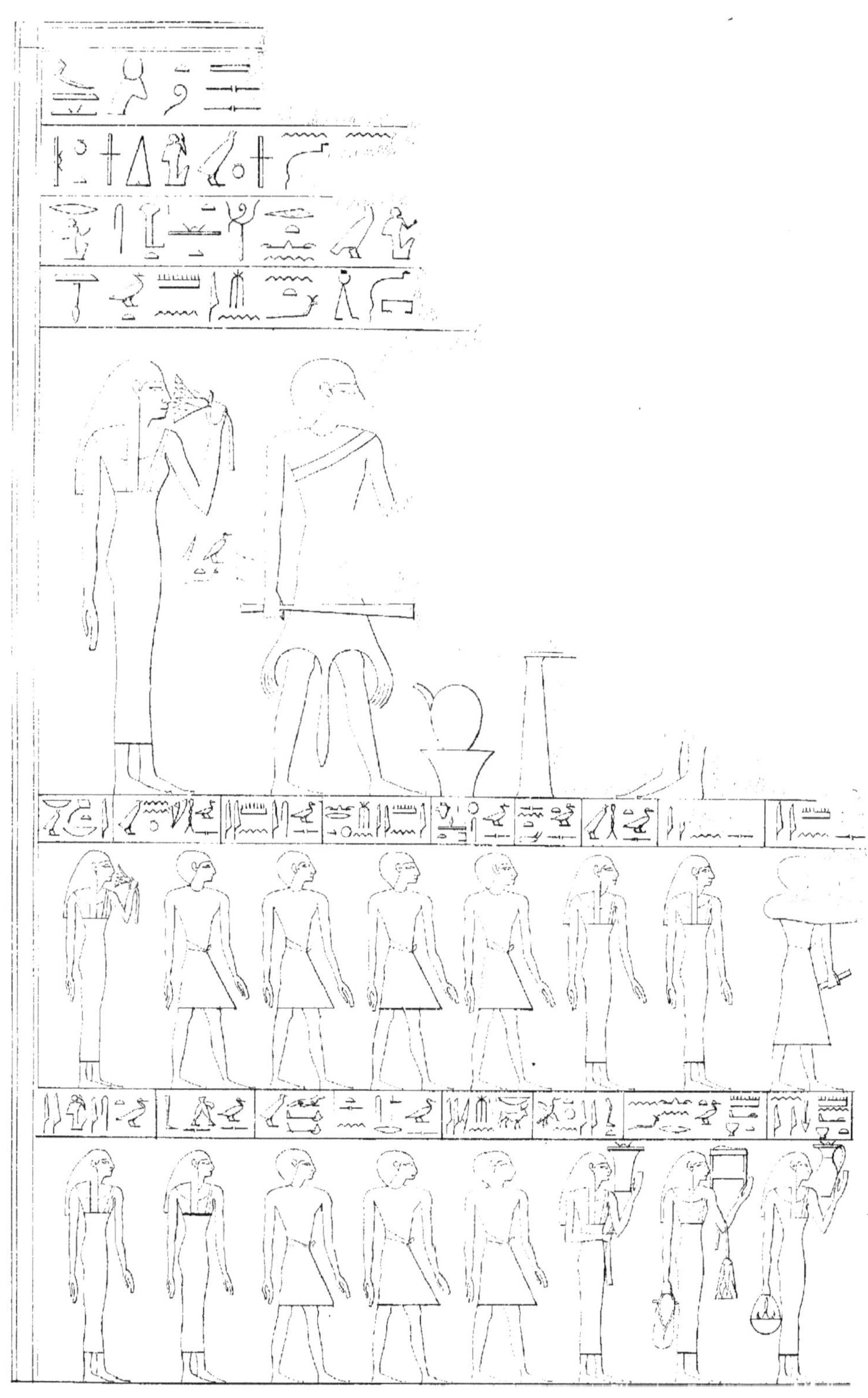

C. 32

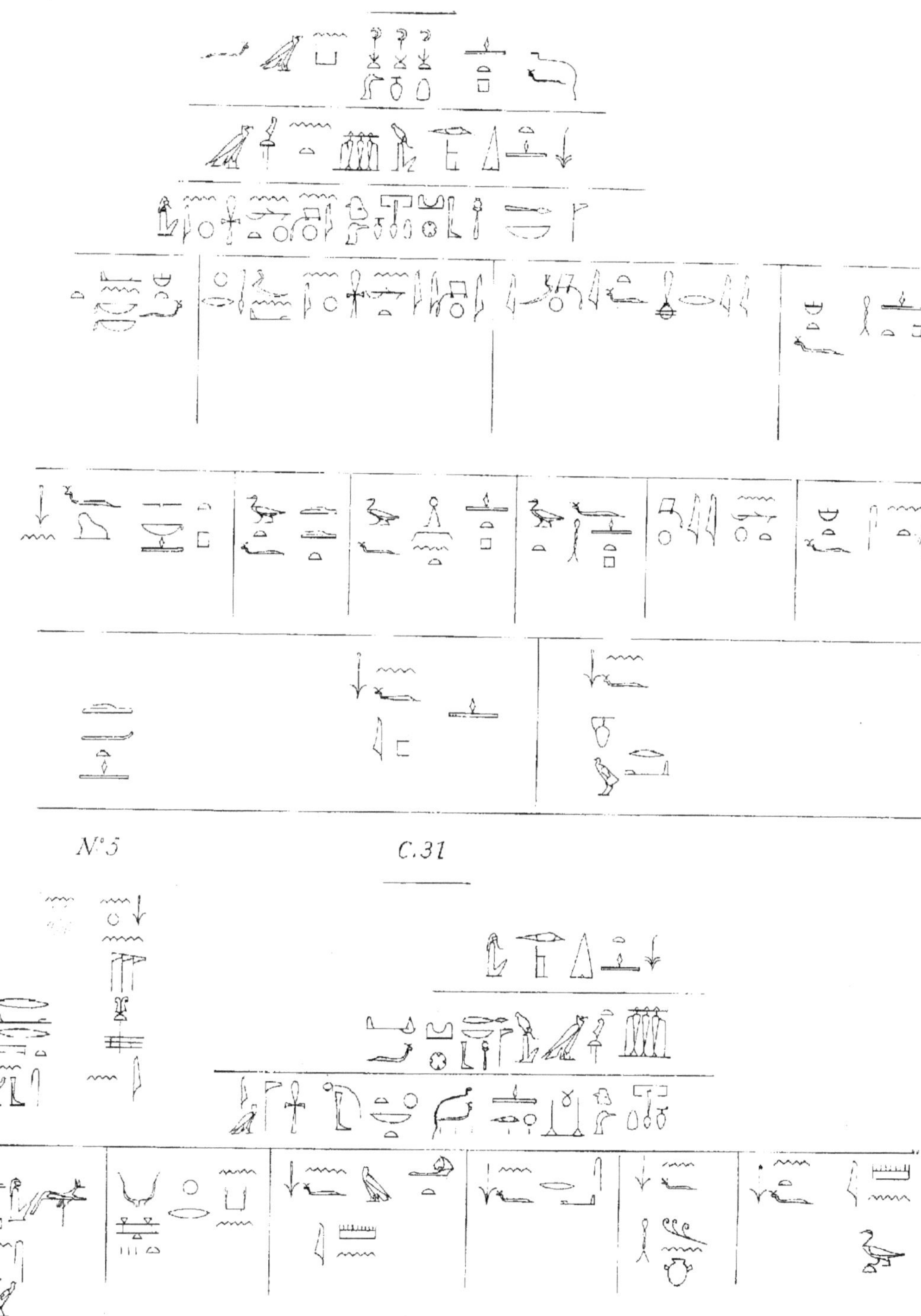

N.º 5

C. 31

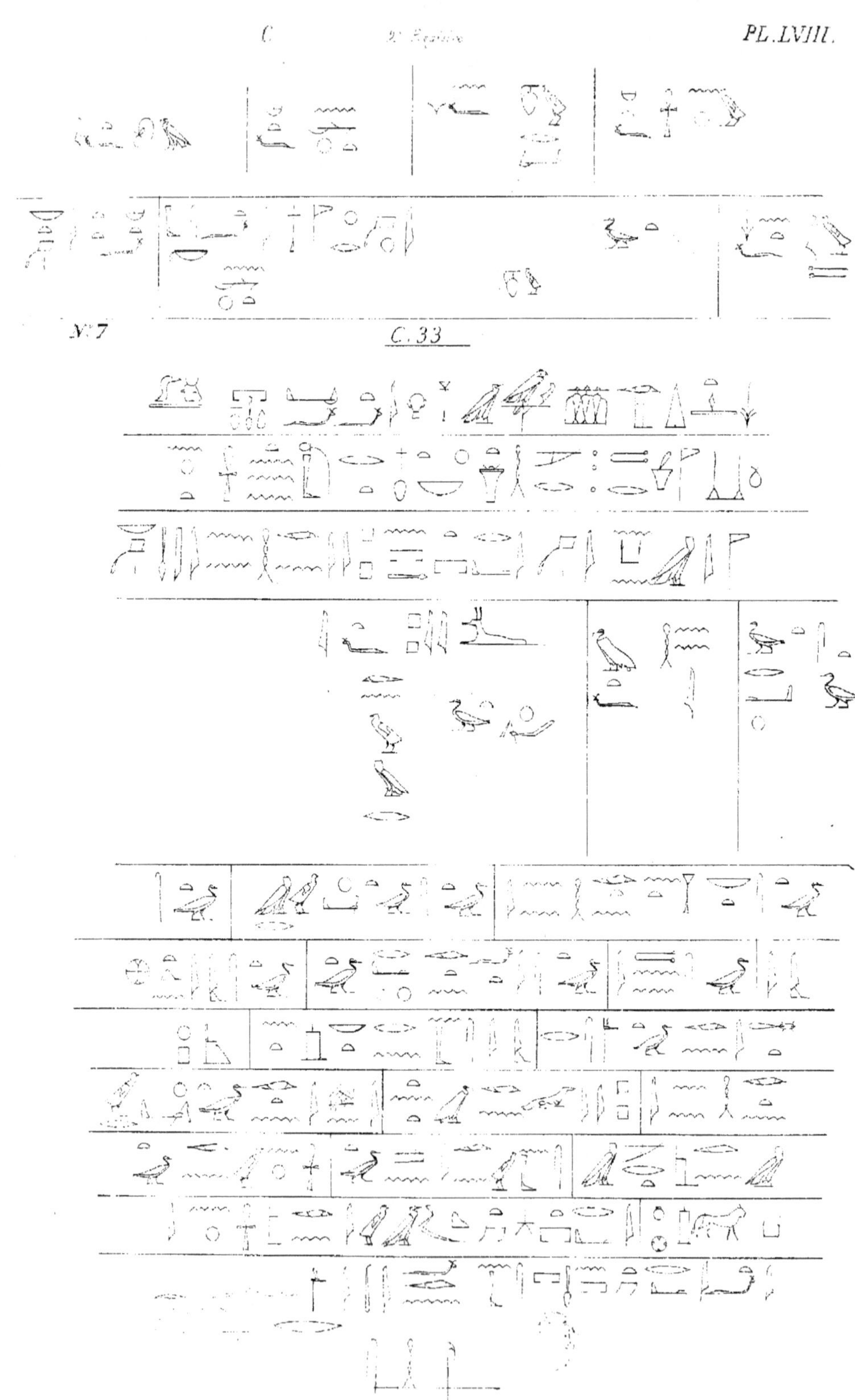

N° 7

C. 33

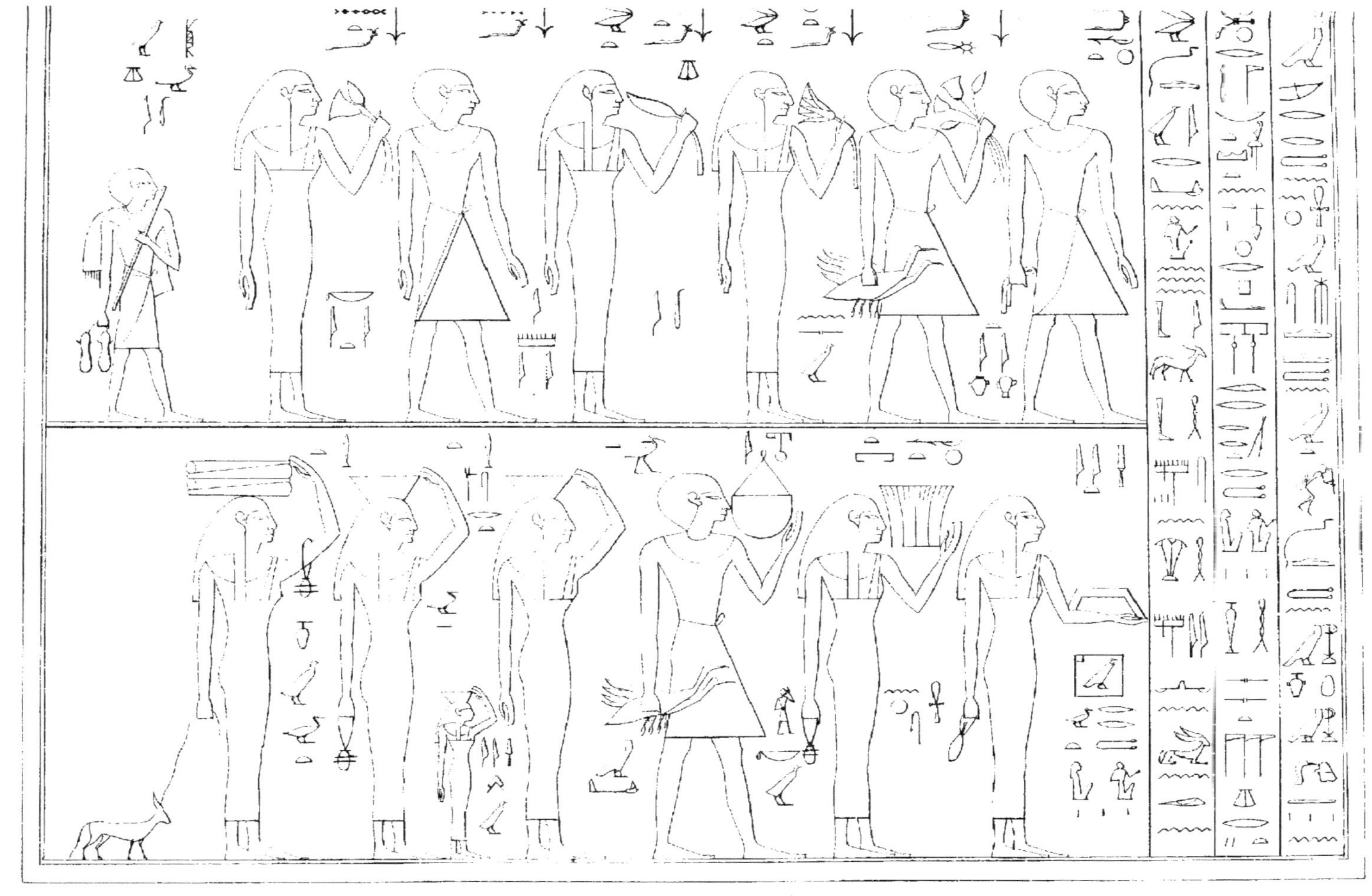

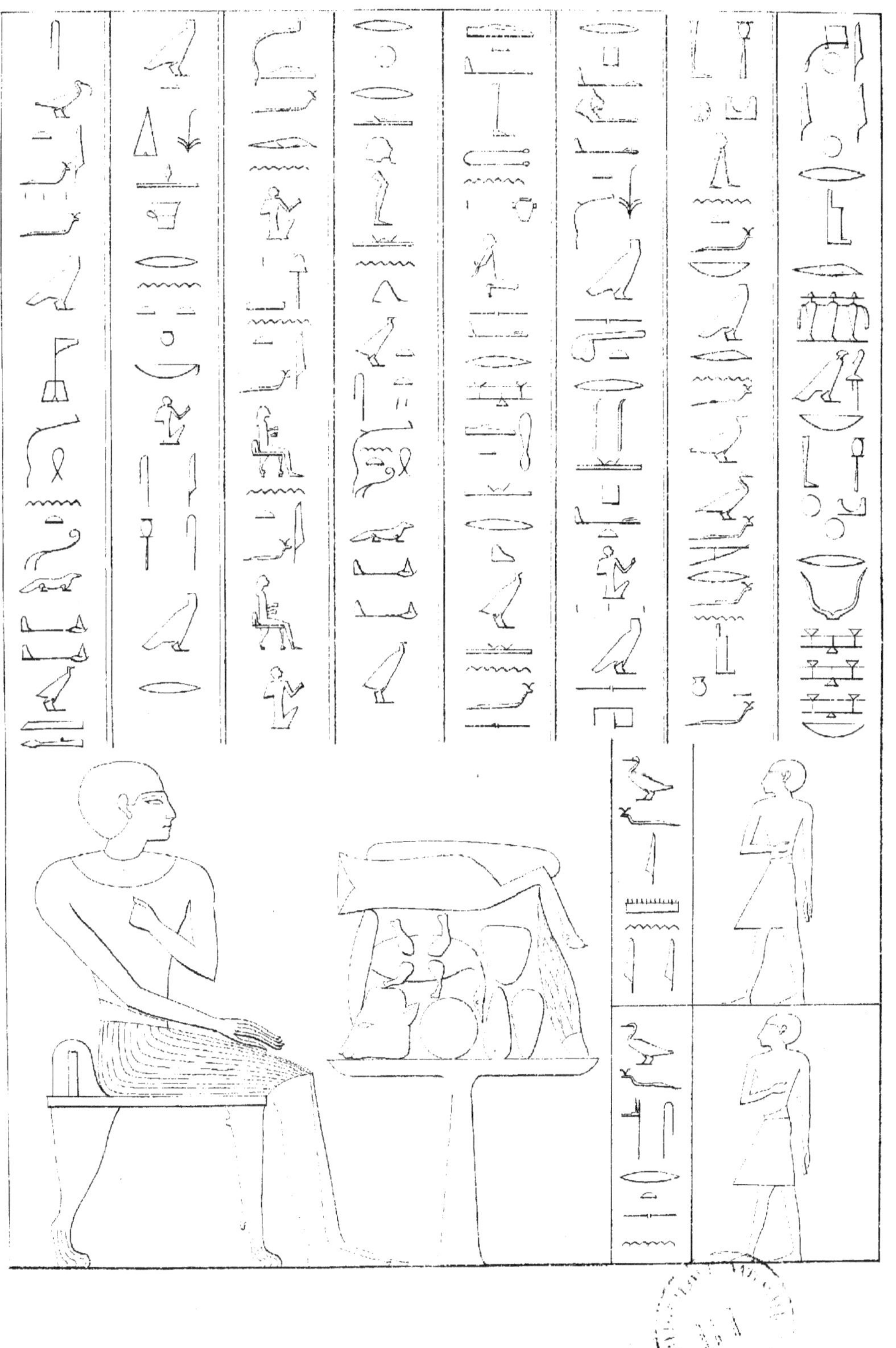

BIBLIOTHÈQUE

DE L'ÉCOLE

DES HAUTES ÉTUDES

PUBLIÉE SOUS LES AUSPICES

DU MINISTÈRE DE L'INSTRUCTION PUBLIQUE

SCIENCES PHILOLOGIQUES ET HISTORIQUES

SOIXANTE-HUITIÈME FASCICULE

MUSÉE DU LOUVRE

STÈLES DE LA XIIe DYNASTIE

PAR E. GAYET

2e Livraison

PLANCHES XXVI-LX.

PARIS

F. VIEWEG, LIBRAIRE-ÉDITEUR

67, RUE DE RICHELIEU, 67

1886

23. Haurvatât et Ameretât. Essai sur la mythologie de l'Avesta, par James Darmesteter.   4 fr.
24. Précis de la Déclinaison latine, par M. F. Bücheler, trad. de l'allemand par L. Havet, enrichi
     d'additions communiquées par l'auteur, avec une préf. du traducteur.   8 fr.
25. Anis el-'Ochchâq. Traité des termes figurés relatifs à la description de la beauté, par Cheref-
     Eddin Râmi, trad. du persan et annoté par C. Huart.   5 fr. 50
26. Les Tables Eugubines. Texte, traduction et commentaire, avec une grammaire et une intro-
     duction historique, par M. Bréal. Accompagné d'un album de 13 pl. photogravées.   30 fr.
27. Questions homériques, par F. Robiou. Avec 3 cartes.   6 fr.
28. Matériaux pour servir à l'histoire de la philosophie de l'Inde, par P. Regnaud. 1re partie.   9 fr.
29. Ormazd et Ahriman, leurs origines et leur histoire, par J. Darmesteter.   12 fr.
30. Les métaux dans les inscriptions, égyptiennes par C.-R. Lepsius, trad. par W. Berend, avec
     des additions de l'auteur et accompagné de 2 planches.   12 fr.
31. Histoire de la ville de Saint-Omer et de ses institutions jusqu'au xive siècle, par A. Giry. 20 fr.
32. Essai sur le règne de Trajan, par C. de la Berge.   12 fr.
33. Études sur l'industrie et la classe industrielle à Paris au xiiie et au xive siècle, par G. Fagniez.
          12 fr.
34. Matériaux pour servir à l'histoire de la philosophie de l'Inde, par P. Regnaud. 2e partie. 10 fr.
35. Mélanges publiés par la section historique et philologique de l'École des Hautes-Études pour
     le dixième anniversaire de sa fondation, avec 10 planches gravées.   15 fr.
36. La religion védique d'après les hymnes du Rig-Veda, par A. Bergaigne. Tome Ier.   12 fr.
37. Histoire critique des règnes de Childerich et de Chlodovech, par M. Junghans, trad. par
     G. Monod, et augmentée d'une introduction et de notes nouvelles.   6 fr.
38. Les monuments égyptiens de la Bibliothèque nationale (Cabinet des Médailles et Antiques),
     par E. Ledrain. 1re livr.   12 fr.
39. L'inscription de Bavian, texte, traduction et commentaire philologique, avec trois appendices et
     un glossaire par H. Pognon, Première partie.   6 fr.
40. Patois de la commune de Vionnaz (Bas-Valais), par J. Gilliéron. Avec une carte.   7 fr. 50
41. Le Querolus, comédie latine anonyme, par L. Havet.   12 fr.
42. L'inscription de Bavian, texte, traduction et commentaire philologique, avec trois appendices et
     un glossaire, par H. Pognon, 2e partie.   6 fr.
43. De Saturnio Latinorum versu. Inest reliquiarum quotquot supersunt sylloge, scripsit L. Havet.
          15 fr.
44. Études d'archéologie orientale par Ch. Clermont-Ganneau. Tome I, 1re livraison. Avec nom-
     breuses gravures dans le texte.   10 fr.
45. Histoire des institutions municipales de Senlis, par J. Flammermont.   8 fr.
46. Essai sur les origines du fonds grec de l'Escurial, par C. Graux.   15 fr.
47. Les monuments égyptiens de la Bibliothèque nationale, par E. Ledrain. 2e et 3e livraisons. 25 fr.
48. Étude critique sur le texte de la vie latine de Sainte-Geneviève de Paris, par Ch. Kohler. 6 fr.
49. Deux versions hébraïques du livre de Kalîlâh et Dimnâh, par J. Derenbourg.   20 fr.
50. Recherches critiques sur les relations politiques de la France avec l'Allemagne, de 1292
     à 1378, par A. Leroux. In-8o br.   7 fr. 50
51. Les principaux monuments du Musée égyptien de Florence par W.-B. Berend. Première
     partie : stèles, bas-reliefs et fresques, avec 10 planches photogravées.   50 fr.
52. Les lapidaires français du moyen âge, des xiie, xiiie et xive siècles, par L. Pannier. Avec une
     notice préliminaire par G. Paris.   10 fr.
53 et 54. La religion védique d'après les hymnes du Rig-Véda, par A. Bergaigne. Vol. II et III. 27 fr.
55. Les Établissements de Rouen, par A. Giry. Vol. I.   15 fr.
56. La Métrique naturelle du langage, par P. Pierson.   10 fr.
57. Vocabulaire Vieux-breton, avec commentaire contenant toutes les gloses en vieux-breton,
     gallois, cornique, armoricain connues, précédé d'une introduction sur la phonétique du
     vieux-breton et sur l'âge et la provenance des gloses, par J. Loth.   10 fr.
58 Hincmar. de ordine palatii epistola. Texte latin, trad. et annoté par M. Prou.   4 fr.
59. Les Établissements de Rouen, par A. Giry. Tome second.   10 fr.
60. Essai sur les formes et les effets de l'affranchissement dans le droit gallo-franc, par M. Fournier.
          5 fr.
61 et 62. Li romans de Carité et Miserere du Renclus de Moiliens. Poème de la fin du xiie siècle.
     Édition critique accompagnée d'une introduction, de notes, d'un glossaire et d'une liste des
     rimes, par A.-G. Van Hamel. 2 vol.   20 fr.
63. Études critiques sur les sources de l'histoire mérovingienne, 2e partie. Compilation dite de
     « Frédégaire, » par G. Monod.   6 fr.
64. Études sur le règne de Robert le Pieux, 996-1031, par C. Pfister.   15 fr.
65. Nonius Marcellus. Collation de plusieurs manuscrits de Paris, de Genève et de Berne, par
     H. Meylan, suivie d'une notice sur les principaux manuscrits de Nonius pour les livres
     I, II et III, par L. Havet.   5 fr.
66. Le livre des parterres fleuris. Grammaire hébraïque en arabe d'Abou'l-Walid Merwan Ibn
     Djanah de Cordoue, publiée par J. Derenbourg.   25 fr.
67. Du Parfait en grec et en latin par E. Ernault.   6 fr.

Chartres. — Imprimerie DURAND, rue Fulbert.

BIBLIOTHÈQUE

DE L'ÉCOLE

DES HAUTES ÉTUDES

PUBLIÉE SOUS LES AUSPICES

DU MINISTÈRE DE L'INSTRUCTION PUBLIQUE

SCIENCES PHILOLOGIQUES ET HISTORIQUES

SOIXANTE-HUITIÈME FASCICULE

MUSÉE DU LOUVRE

STÈLES DE LA XIIᵉ DYNASTIE

PAR A. J. GAYET

3ᵉ Livraison

EXPLICATION DES PLANCHES

PARIS

F. VIEWEG, LIBRAIRE-ÉDITEUR

ÉMILE BOUILLON, SUCCESSEUR

67, RUE DE RICHELIEU, 67

1889

RECUEIL de travaux relatifs à la philologie et à l'archéologie égyptiennes et assyriennes, pour servir de bulletin à la mission française du Caire, publié sous la direction de G. Maspero, membre de l'Institut, professeur au Collège de France, Directeur général des fouilles et des musées d'Égypte. Tomes I à VI, in-4°, le volume. 30 fr.
    Le 7ᵉ volume est en cours de publication. Prix d'abonnement : Paris, 30 fr., départements et pays faisant partie de l'union postale, 32 fr.

REVILLOUT (E.). Papyrus coptes. Actes et contrats des musées égyptiens de Boulaq et du Louvre. 1ᵉʳ fascicule, textes et fac-similés. 25 fr.
— Apocryphes coptes du Nouveau Testament. Textes, 1ᵉʳ fascicule. 25 fr.
— Chrestomathie démotique. 1 vol. en 4 fascicules in-4°. 100 fr.
— Études sur quelques points de droit et d'histoire ptolémaïque. 1 vol. in-4°. 25 fr.

RITUEL funéraire des anciens Égyptiens, texte complet en écriture hiératique, publié d'après le papyrus du musée du Louvre, et précédé d'une introduction à l'étude du Rituel, par le vicomte E. de Rougé. Livraisons 1 à 5, gr. in-folio, la livraison. 25 fr.
    La sixième livraison est sous presse.

ROBIOU (F.). Mémoire sur l'économie politique, l'administration et la législation de l'Egypte au temps des Lagides. 1 vol. gr. in-8°, orné d'une carte. 6 fr.
— Croyances de l'Egypte à l'époque des Pyramides. In-8°. 50 c.
— Recherches sur le calendrier macédonien en Egypte et sur la chron. des Lagides. In-4°. 6 fr.

ROUGÉ (E. de). Chrestomathie égyptienne, ou choix de textes égyptiens, transcrits, traduits et accompagnés d'un commentaire et d'un abrégé grammatical. 4 vol. gr. in-8°. 100 fr.
— Recherches sur les monuments qu'on peut attribuer aux six premières dynasties de Manéthon, précédées d'un rapport adressé à M. le Ministre de l'Instruction publique sur les résultats généraux de sa mission en Egypte. 1 vol. gr. in-4°, accompagné de 8 planches, dont 5 doubles. 15 fr.

SAULCY (F. de). Dictionnaire topographique abrégé de la Terre-Sainte. 1 vol. in-8°. 6 fr.

BIBLIOTHÈQUE DE L'ÉCOLE PRATIQUE DES HAUTES ÉTUDES, publiée sous les auspices du Ministère de l'Instruction publique par les professeurs et les élèves de l'École.

1. La stratification du langage, par Max Müller, trad. par L. Havet. — La chronologie dans la formation des langues indo-germaniques, par G. Curtius, trad. par A. Bergaigne. 4 fr.
2. Études sur les Pagi de la Gaule, par A. Longnon. 1ʳᵉ partie : l'Astenois, le Boulonnais, et le Ternois, avec 2 cartes. Épuisé.
3. Notes critiques sur Colluthus, par E. Tournier. 1 fr. 50
4. Nouvel essai sur la formation du pluriel brisé en arabe, par S. Guyard. 2 fr.
5. Anciens glossaires romans, corr. et expl. par F. Diez, trad. par A. Bauer. 4 fr. 75
6. Des formes de la conjugaison en égyptien antique, en démotique et en copte, par G. Maspero. 10 fr.
7. La Vie de Saint-Alexis, textes des XIᵉ, XIIᵉ, XIIIᵉ et XIVᵉ siècles publiés par G. Paris et L. Pannier. Épuisé.
8. Études critiques sur les sources de l'histoire mérovingienne, par G. Monod, et par les membres de la Conférence d'histoire. 6 fr.
9. Le Bhâminî-Vilâsa, texte sanscrit, publié avec une trad. et des notes par A. Bergaigne. 8 fr.
10. Exercices critiques de la Conférence de philologie grecque, recueillis et rédigés par E. Tournier. 10 fr.
11. Études sur les Pagi de la Gaule, par A. Longnon. 2ᵉ partie : Les Pagi du diocèse de Reims, avec 4 cartes. 7 fr. 50
12. Du genre épistolaire chez les anciens Égyptiens de l'époque pharaonique, par G. Maspero. 10 fr.
13. La Procédure de la Lex Salica. Étude sur le droit Frank (la fidejussio dans la législation franke ; — les Sacebarons ; — la glose malbergique), travaux de M. R. Sohm, professeur à l'Université de Strasbourg, trad. par M. Thevenin. 7 fr.
14. Itinéraire des Dix mille. Étude topographique par F. Robiou, avec 3 cartes. 6 fr.
15. Étude sur Pline le jeune, par T. Mommsen, traduit par C. Morel. 4 fr.
16. Du C dans les langues romanes, par C. Joret, professeur à la Faculté des lettres d'Aix. 12 fr.
17. Cicéron, Epistolae ad Familiares. Notice sur un manuscrit du XIIᵉ siècle, par C. Thurot, membre de l'Institut. 3 fr.
18. Études sur les Comtes et Vicomtes de Limoges antérieurs à l'an 1000, par R. de Lasteyrie. 5 fr.
19. De la formation des mots composés en français, par A. Darmesteter. 12 fr.
20. Quintilien, institution oratoire, collation d'un manuscrit du Xᵉ siècle, par E. Châtelain et J. Le Coultre. 3 fr.
21. Hymne à Ammon-Ra des papyrus égyptiens du musée de Boulaq, trad. et commenté par E. Grébaut. 22 fr.
22. Pleurs de Philippe le Solitaire, poème en vers politiques publié dans le texte pour la première fois d'après six mss. de la Bibliothèque nationale, par l'abbé E. Auvray. 3 fr. 75

23. Haurvatât et Ameretât. Essai sur la mythologie de l'Avesta, par James Darmesteter. 4 fr.

24. Précis de la Déclinaison latine, par M. F. Bücheler, trad. de l'allemand par L. Havet, enrichi d'additions communiquées par l'auteur, avec une préf. du traducteur. 8 fr.

25. Anis el-'Ochchâq. Traité des termes figurés relatifs à la description de la beauté, par Cheref-Eddin Râmi, trad. du persan et annoté par C. Huart. 5 fr. 50

26. Les Tables Eugubines. Texte, traduction et commentaire, avec une grammaire et une introduction historique, par M. Bréal. Accompagné d'un album de 13 pl. photogravées. 30 fr.

27. Questions homériques, par F. Robiou. Avec 3 cartes. 6 fr.

28. Matériaux pour servir à l'histoire de la philosophie de l'Inde, par P. Regnaud. 1re partie. 9 fr.

29. Ormazd et Ahriman, leurs origines et leur histoire, par J. Darmesteter. 12 fr.

30. Les métaux dans les inscriptions égyptiennes, par C.-R. Lepsius, trad. par W. Berend, avec des additions de l'auteur et accompagné de 2 planches. 12 fr.

31. Histoire de la ville de Saint-Omer et de ses institutions jusqu'au xive siècle, par A. Giry. 20 fr.

32. Essai sur le règne de Trajan, par C. de la Berge. 12 fr.

33. Études sur l'industrie et la classe industrielle à Paris au xiiie et au xive siècle, par G. Fagniez. 12 fr.

34. Matériaux pour servir à l'histoire de la philosophie de l'Inde, par P. Regnaud. 2e partie. 10 fr.

35. Mélanges publiés par la section historique et philologique de l'École des Hautes-Études pour le dixième anniversaire de sa fondation, avec 10 planches gravées. 15 fr.

36. La religion védique d'après les hymnes du Rig-Veda, par A. Bergaigne. Tome Ier. 12 fr.

37. Histoire critique des règnes de Childerich et de Chlodovech, par M. Junghans, trad. par G. Monod, et augmentée d'une introduction et de notes nouvelles. 6 fr.

38. Les monuments égyptiens de la Bibliothèque nationale (Cabinet des Médailles et Antiques), par E. Ledrain. 1re livr. 12 fr.

39. L'inscription de Bavian, texte, traduction et commentaire philologique, avec trois appendices et un glossaire par H. Pognon, Première partie. 6 fr.

40. Patois de la commune de Vionnaz (Bas-Valais), par J. Gilliéron. Avec une carte. 7 fr. 50

41. Le Querolus, comédie latine anonyme, par L. Havet. 12 fr.

42. L'inscription de Bavian, texte, traduction et commentaire philologique, avec trois appendices et un glossaire, par H. Pognon, 2e partie. 6 fr.

43. De Saturnio Latinorum versu. Inest reliquiarum quotquot supersunt sylloge, scripsit L. Havet. 15 fr.

44. Études d'archéologie orientale par Ch. Clermont-Ganneau. Tome I, 1re livraison. Avec nombreuses gravures dans le texte. 10 fr.

45. Histoire des institutions municipales de Senlis, par J. Flammermont. 8 fr.

46. Essai sur les origines du fonds grec de l'Escurial, par C. Graux. 15 fr.

47. Les monuments égyptiens de la Bibliothèque nationale, par E. Ledrain. 2e et 3e livraisons. 25 fr.

48. Étude critique sur le texte de la vie latine de Sainte-Geneviève de Paris, par Ch. Kohler. 6 fr.

49. Deux versions hébraïques du livre de Kalîlâh et Dimnâh, par J. Derenbourg. 20 fr.

50. Recherches critiques sur les relations politiques de la France avec l'Allemagne, de 1292 à 1378, par A. Leroux. In-8° br. 7 fr. 50

51. Les principaux monuments du Musée égyptien de Florence par W.-B. Berend. Première partie : stèles, bas-reliefs et fresques, avec 10 planches photogravées. 50 fr.

52. Les lapidaires français du moyen âge, des xiie, xiiie et xive siècles, par L. Pannier. Avec une notice préliminaire par G. Paris. 10 fr.

53 et 54. La religion védique d'après les hymnes du Rig-Véda, par A. Bergaigne. Vol. II et III. 27 fr.

55. Les Établissements de Rouen, par A. Giry. Vol. I. 15 fr.

56. La Métrique naturelle du langage, par P. Pierson. 10 fr.

57. Vocabulaire Vieux-breton, avec commentaire contenant toutes les gloses en vieux-breton, gallois, cornique, armoricain connues, précédé d'une introduction sur la phonétique du vieux-breton et sur l'âge et la provenance des gloses, par J. Loth. 10 fr.

58. Hincmar, de ordine palatii epistola. Texte latin, trad. et annoté par M. Prou. 4 fr.

59. Les Établissements de Rouen, par A. Giry. Tome second. 10 fr.

60. Essai sur les formes et les effets de l'affranchissement dans le droit gallo-franc, par M. Fournier. 5 fr.

61 et 62. Li romans de Carité et Miserere du Renclus de Moiliens. Poème de la fin du xiie siècle. Édition critique accompagnée d'une introduction, de notes, d'un glossaire et d'une liste des rimes, par A.-G. Van Hamel. 2 vol. 20 fr.

63. Études critiques sur les sources de l'histoire mérovingienne, 2e partie. Compilation dite de « Frédégaire, » par G. Monod. 6 fr.

64. Études sur le règne de Robert le Pieux, 996-1031, par C. Pfister. 15 fr.

65. Nonius Marcellus. Collation de plusieurs manuscrits de Paris, de Genève et de Berne, par H. Meylan, suivie d'une notice sur les principaux manuscrits de Nonius pour les livres I, II et III, par L. Havet. 5 fr.

66. Le livre des parterres fleuris. Grammaire hébraïque en arabe d'Abou'l-Walid Merwan Ibn Djanah de Cordoue, publiée par J. Derenbourg. 25 fr.

67. Du Parfait en grec et en latin par E. Ernault. 6 fr.